MELANIE KUNZE | ANNIKA STAHL

MÜNCHNER FRAUEN

HISTORISCHE LEBENSBILDER AUS DER WELTSTADT MIT HERZ

Abendzeitung
DIE IST GUT.

Kunze, Melanie; Stahl, Annika
Münchner Frauen – Historische Lebensbilder aus der Weltstadt mit Herz

ABENDZEITUNG in Kooperation mit:
Bast Medien GmbH, St.-Ulrich-Straße 11, 88662 Überlingen (verantwortlich)
1. Auflage 2023
ISBN: 978-3-946581-91-8

Lektorat: Manuela Klaas
Covergestaltung: Melanie Kunze
Layout: Melanie Kunze
Satz: Melanie Kunze
Druck: Mohn Media Mohndruck GmbH, Gütersloh

Von den Machern der preisgekrönten Reihe *Geheimnisse der Heimat*

Inhalt

Herzlich willkommen zu einer außergewöhnlichen Zeitreise:

Außergewöhnlich deshalb, weil die Abendzeitung Sie mit diesem Buch zu historischen Entdeckungen und Wurzeln in München führen möchte, die allein von Frauen stammen. Von Persönlichkeiten, deren Namen heute nicht mehr allzu präsent sind – obwohl noch weit in die Zukunft wirken wird, was diese Frauen geleistet haben. Natürlich sind Münchner Originale wie Liesl Karlstadt oder die Künstlerin Bally Prell in München bis heute ein Begriff, zumal beiden ein Denkmal gesetzt wurde und die Abendzeitung sie immer wieder einmal zu besonderen Anlässen hochleben lässt. Aber was wissen wir beispielsweise über Bayerns letzte Kurfürstin Maria Leopoldine, wenn wir nicht explizit nach ihr googlen? Oder von Clara Ziegler, der Gründerin des Theatermuseums? Es gäbe von so vielen wunderbaren wie auch streitbaren Frauen zu berichten, dass dieses eine Buch dafür bei Weitem nicht ausreicht. Wer weiß, vielleicht folgen noch weitere Bände

„Eine Reise der besonderen Art, initiiert von einem echten Münchner Kindl.“

über berühmte Frauen mit München-Bezug: Im Rahmen der abendzeitung-münchen-collection, die von der Abendzeitung extra für alle München-Begeisterte ins Leben gerufen wurde. Als echtes Münchner Kindl möchte die „AZ“ natürlich am liebsten alles abbilden, was die Landeshauptstadt ausmacht – alles, was war, ist und kommt, findet man täglich in der gedruckten Abendzeitung, auf abendzeitung.de oder eben in einem Buch wie dem, das Sie gerade in Händen halten. Übrigens noch rechtzeitig im Jubiläumsjahr der Abendzeitung: Heuer, 2023, feiert die Abendzeitung ihren 75sten Geburtstag.

Wenn Ihnen diese Ausgabe so gut gefällt, dass Sie mehr davon wollen – dann schreiben Sie uns bitte: abendzeitung-muenchen-collection@mga.de. Natürlich sind hier auch jederzeit Kritik und Anregungen willkommen.

Wir wünschen Ihnen eine angenehme Lektüre –

Ihre Abendzeitung

Melanie Kunze, Jahrgang 1976, studierte an der NTA Dr. Grübler in Isny Chemie, bevor sie die Branche wechselte und sich dem Journalismus sowie dem Verlagswesen zuwandte. Seit 2016 ist Melanie Kunze Büroleiterin und Projektredakteurin bei der Bast Medien GmbH in Überlingen. In der Weltstadt mit Herz widmete sie sich mit großer Begeisterung nach den Verschwundenen Orten nun den Münchner Frauen – und erlag wieder einmal dem Zauber, den die Stadt an der Isar schon immer auf sie ausgeübt hat. Die vierfache Mutter lebt mit ihrer Familie im Donautal.

Dr. Annika Stahl, 1987 im schwäbischen Aalen geboren, hat in Heidelberg und Frankfurt Archäologie studiert und 2019 in der Vor- und Frühgeschichte über die Bestattungsriten der westafrikanischen *Nok-Kultur* promoviert. Beruflich wie privat folgt sie ihrer Sehnsucht nach fernen Orten und fremden Kulturen und stillt dabei ihren Wissensdurst: von den Türmen des Schweigens im iranischen Yazd über antike Handelsrouten im Oman zu paläolithischen Fundstellen des südlichen Afrikas. Doch der Wunsch, das gesammelte Wissen über die faszinierende Reise der Menschheit zu teilen, veranlasste die Archäologin, sich ihrer zweiten Leidenschaft – dem Schreiben – zu widmen. Als freiberufliche Autorin macht sie sich es seitdem zur Aufgabe, zwischen Wissenschaft und Leserschaft zu vermitteln und historische Fakten in „bekömmliche Happen" umzuwandeln. Für das vorliegende Buch hat sie sich in München auf die Suche nach spannenden Frauen und ihren Spuren in der Stadt begeben.

Gründerin des Theatermuseums

In der Rolle der Heldin

Clara Ziegler steht auf der Bühne. Mit ihrem stimmgewaltigen Auftritt und ihrem einnehmenden Wesen zieht sie die gesamte Zuschauerschaft des Ulmer Theaters während des Bühnenspiels *Das goldene Vließ* von Franz Grillparzer in ihren Bann. In der Rolle der „Medea" stellt sie die Leidensgeschichte der starken und wilden Zauberin dar: Aus Liebe zu dem Argonauten Jason begibt sie sich gemeinsam mit ihm nach Griechenland. Um dort ihr Familienglück zu finden, verzichtet sie auf ihre magischen Kräfte. In der Fremde angekommen packt sie jedoch bald die Eifersucht auf dessen ehemalige Geliebte Kreusa, einer sittsamen Fürstentochter. Jason verstößt Medea, der zudem aufgetragen wird, Griechenland zu verlassen – allerdings ohne die beiden gemeinsamen Kinder. Von allen verraten tötet Medea mithilfe ihrer wiedergewonnenen Zauberkunst Kreusa, aber auch die eigenen Kinder, die sich zuvor ebenfalls von ihr abgewandt hatten.

In einer bewegenden Szene, so kolportiert es Hans Georg Eschweiler in seiner Dissertation aus dem Jahr 1935, zerreißt Clara Ziegler den bodenlangen Mantel der Medea mit einem kräftigen Ruck. Das Publikum ist begeistert, mehrmals wird der Vorhang am Ende des Stücks für eine Zugabe gelüftet – eine größere Bestätigung kann sich eine Schauspielerin kaum wünschen. Nicht begeistert ist hingegen der Ulmer Intendant Friedrich Engelken. Allerdings nicht wegen Zieglers schauspielerischer Leistung …

„Der Intendant wollte diese Szene streichen, weil das Kleidungsstück vom Theater gestellt und nicht von Clara Ziegler finanziert wurde. Auf der Bühne ließ sich die Schauspielerin

Diese Aufnahme von Clara Ziegler stammt aus den 1860er-Jahren und wurde von dem Fotograf Matthias Pössenbacher in seinem „Photographisch-artistischen Atelier" in München aufgenommen.

von der Rolle so mitreißen, dass sie den Mantel doch zerriss – zur großen Freude des Publikums", fasst Dr. Dorothea Volz, Leiterin des Deutschen Theatermuseums, die bei Eschweiler überlieferte Anekdote zusammen. Clara Zieglers ungebremste Leidenschaft macht sich bezahlt: Die Darstellung der Medea zählt zu ihren ersten großen Erfolgen in der Donaustadt. Intendant Engelken hatte die Schauspielerin zuvor in München getroffen und mit ans Ulmer Theater genommen. „Dort spielte ich Alles! ... und studierte während dieser Zeit den größten Theil meines … [späteren] Repertoires", lautet ein Zitat von ihr, wie Claudia Balk in der Publikation *Theatergöttinnen* schreibt.

Das wiederkehrende Schema tragischer Figuren im Kampf gegen die schier unerträgliche Härte des Schicksals wird Claras Laufbahn prägen, die Rolle der Medea einer ihrer meistgespielten Figuren. Doch Ulm sollte nur eine Station auf ihrem Lebensweg sein: „Clara Ziegler war München sehr eng verbunden. Sie ist dort geboren und gestorben. Die Isarstadt stellte trotz ihrer regen Gastspielreisen einen festen Ankerpunkt für sie dar", fährt Theaterwissenschaftlerin Dorothea Volz fort.

„Clara Ziegler war München sehr eng verbunden. Sie ist dort geboren und gestorben. Die Isarstadt stellte trotz ihrer regen Gastspielreisen einen festen Ankerpunkt für sie dar."

In ihrer Heimatstadt kommt Clara bereits früh in Kontakt mit der Schauspielerei. „Ihr Vater war der Besitzer einer Schönfärberei, in der es eine kleine Hausbühne gab. Hier konnte sie die Familie sicherlich als erstes Publikum nutzen und sich bereits in verschiedenen Rollen ausprobieren", weiß Dorothea Volz zu berichten. Die älteste Tochter von insgesamt acht Geschwistern war einerseits ein körperlich aktiver Mensch, besaß aber auch den Hang zur Kunst. „Initialzündung für ihren Werdegang war der Tod des Vaters", fährt die Leiterin des Deutschen Theatermuseums fort. „Zu jener Zeit war sie 15 Jahre alt und nach diesem schweren Verlust übernahm sie vermehrt Aufgaben im Haus. Man kann sich gut vorstellen, wie in dieser Familiensituation der Wunsch nach größerer Eigenständigkeit wächst. Damit die Tochter versorgt war, wollte ihre Mutter sie bald verheiraten." Damit kann sich die junge Clara jedoch nicht anfreunden. Um der geplanten Ehe zu entfliehen, schlägt sie den Weg der Schauspielkunst ein und wendet sich an ihren damaligen Vormund, den Hofschauspieler Adolf Christen. „Dieser sah in Clara zuerst keine Schauspielerin: Er war der Meinung, sie sei viel zu groß, ihre Statur sei ungeeignet für das damals für Frauen klassische Rollenrepertoire", schildert die Kulturhistorikerin. Doch bald schon erkennt er ihr Potenzial und unterstützt sie in ihrem Vorhaben. Clara löst ihre Verlobung und widmet sich fortan in Begleitung Adolf Christens der Schauspielerei.

„An der Seite ihres Mentors gab sie im Februar 1862 am Stadttheater in Bamberg ihr Debüt. Ihre zweite Rolle war die der Johanna in der *Jungfrau von Orleans*", berichtet Dorothea Volz. Hierin stellt sie eine starke, vom Schicksal gezeichnete Frau dar: Die Bauerstochter wurde im 15. Jahrhundert zur Märtyrerin, als sie den Thronerben Frankreichs in den Wirren des französischen Bürgerkriegs unterstützte. Nach einem weiteren Auftritt als „Jeanne d'Arc" am Münchner Hoftheater im August 1862 hat die 18-Jährige zunächst Schwierigkeiten, ihre Karriere voranzutreiben. Doch dann fällt sie dem Ulmer Intendanten Engelken auf, der sie vom Fleck weg engagiert. Und so betritt Clara Ziegler als Medea das erste Mal am 23. Dezember 1863 die Ulmer Bühne.

Die Rolle der antiken Dramenfigur „Medea" war eine der meistgespielten Figuren Clara Zieglers.

Gemeinsam mit ihrem Mentor Adolf Christens studiert die Schauspielerin in den folgenden Jahren vor allem die Rollen der Heroinnen ein, da diese ihr wie auf den Leib geschrieben scheinen: Wegen ihres einnehmenden Wesens, ihrer großen Statur und immensen Stimmgewalt verkörpert sie all diese Heldinnen überzeugend. Durch ihre vielen Gastspiele, darunter am Münchner Aktien-Volkstheater, wird sie in Theaterkreisen zunehmend bekannter. Als Walküre

„Brunhild" in Friedrich Hebbels *Die Nibelungen* brilliert sie in Leipzig erneut als kampfgewandte und mit Stärke gesegnete Heldin. Dank ihrer wachsenden Berühmtheit erhält die gefeierte Schauspielerin im Jahr 1868 ein verlockendes Angebot: Das Münchner Hof- und Nationaltheater bietet ihr ein zehnjähriges Engagement an. „Claras Verbundenheit zu ihrer Heimatstadt kam dieses Angebot sehr entgegen, so entschied sie sich für München", erklärt Dorothea Volz.

Der Freude über den Vertrag in München folgt kurze Zeit später eine herbe Enttäuschung: In der Isarstadt beschränken sich ihre Auftritte auf wenige Darstellungen pro Monat. Für die aufstrebende Schauspielerin ein Rückschlag, denn die 23-Jährige ist nicht nur talentiert und erfahren, sondern auch hoch motiviert. „Die Münchner Zeit war schwierig, sie erfuhr hier teils weniger Wohlwollen wie andernorts. Zudem musste sie sich gegen eine harte Konkurrenz behaupten und wurde weniger besetzt, als sie es aus Leipzig gewohnt war", fährt die promovierte Theaterwissenschaftlerin fort. Als Clara Ziegler daher bei einem Gastauftritt am Wiener Burgtheater 1869 ebenfalls ein lebenslanger Vertrag angeboten wird, stimmt sie diesem zu. Doch das Münchner Engagement lässt sich nicht ohne Weiteres auflösen. Immerhin, seitens des Münchner Theaters wird ihr nun angeboten, dass ihr für Gastspielauftritte die Hälfte des Jahres frei zur Verfügung steht.

Ihr Arrangement mit dem Münchner Hoftheater stellt zu Beginn einen akzeptablen Kompromiss dar. Bald jedoch wird ihr bewusst, dass sie an Gastspielen nicht nur mehr Freude hat, sondern damit auch ein Vielfaches an Gage verdient. In der Zeit von März bis September des Jahres 1872 beispielsweise nimmt sie dadurch mehr als 44.000 Gulden ein – umgerechnet etwa eine halbe Million Euro. „Durch ihre Auftritte hatte sie ein beachtliches Vermögen angehäuft, wodurch sie sich eine eigene Villa in der Königsstraße 25 leisten konnte", erklärt die Leiterin des Deutschen Theatermuseums. „Im Jahr 1874 beendete sie endgültig ihr Engagement in München. Als freie Schauspielerin nahm sie danach Aufträge in Deutschland, aber auch in Petersburg, Amsterdam, Wien und vielen anderen Städten an."

Ihr Leben könnte kaum besser laufen, sowohl beruflich als auch privat: Im Jahr 1876 besiegelt Clara Ziegler ihr Glück in der Liebe, als sie ihren langjährigen Mentor Adolf Christen heiratet. Seitens der Zuschauerschaft erhält sie Anerkennung in Form von Zugaben – bis zu 50 Vorhänge erbittet das Publikum nach ihren Auftritten – und empfängt prachtvolle Geschenke von Prinzen und Fürsten, wie ein mit Diamanten besetztes Armband des Zaren Alexander II. von Russland. Clara Ziegler ist *die* gefeierte „Heroine".

Allerdings offenbaren die von ihr gespielten Heldinnen auch die Schattenseiten des gründerzeitlichen Geistes: Die Heroinnen gelten zwar als willensstarke Frauen, doch sind sie auch „wider die Natur", denn sie besitzen stets übermenschliche oder übernatürliche Züge. „Clara Ziegler spielte monumentale Frauengestalten, die, beinah wie das androgyne, das dritte Geschlecht, in kein soziales Gefüge hineinpassen, die unfreiwillig, weil schon von Geburt an (fremd, göttlicher Abstammung, von besonderer physischer Stärke), die Geschlechternorm sprengen und sich doch nach dem Glück sehnen, das diese Norm verspricht", schreibt Autorin Claudia Balk in *Theatergöttinnen*. Entsprechend fehl am Platz sind sie in der realen Welt. Der starke Mann, so das Gesellschaftsbild, brauche schließlich eine schwache, sittsame Frau – wie Krusa, für die sich Jason im Bühnenstück *Das goldene Vließ* entscheidet. Medea möchte sich zwar in diese Rolle begeben, doch sie kann ihr Wesen nicht leugnen. Am Ende muss sie sich daher auf ihre Zauberkräfte besinnen. „Der Gestaltung dieses tragischen Konflikts hat Clara Ziegler ihr Bühnenleben gewidmet", ergänzt Claudia Balk ihre Ausführung. Doch die Münchner Schauspielerin war mehr als das.

„Bereits als 24-Jährige spielte sie die Rolle des Romeo, also eine Hosenrolle", führt Museumsleiterin Dorothea Volz an. „Sie hatte durchaus ein weites Rollenrepertoire, dem die Reduzierung auf die Heroine nicht völlig gerecht wird. Natürlich: Ihre Statur und Stimme waren prägnant. Aber dank ihrer Modulationsfähigkeit konnte sie ihre Stimme auf viele verschiedene Arten wirken lassen." Darüber hinaus habe sie die Darstellung ihrer Figuren mitbestimmt. „Sie war eine willensstarke Frau mit eigenen Ideen." Und das

„Sie hatte durchaus ein weites Rollenrepertoire, dem die Reduzierung auf die Heroine nicht völlig gerecht wird."

betraf nicht nur ihre Karriere als Schauspielerin: „Ohne das Einkommen eines Mannes als Sicherheit gab es für eine Frau im 19. Jahrhundert nicht viele Möglichkeiten, auf eigenen Beinen zu stehen. Und in der Regel war jegliche Karriere, die eine Frau anstrebte, mit der Ehe vorbei." Doch die Münchnerin demonstriert das Gegenteil: Zielstrebig beschreitet sie ihren Weg und behauptet ihre Stellung in einer männerdominierten Gesellschaft – ohne dabei Isolation und Entfremdung zu erfahren. So agierte sie als Vorbild für das weibliche Geschlecht.

Doch wie jeder andere Mensch ist auch sie nicht vor Schicksalsschlägen gefeit: Im Jahr 1883 stirbt ihr Ehemann und jahrelanger Mentor Adolf Christen. In der nachfolgenden Zeit nimmt sie zwar weiterhin Aufträge an, wird sogar Ehrenmitglied des Münchner Hof- und Nationaltheaters. „Allerdings litt sie zunehmend unter Stimmproblemen", erklärt die Museumsleiterin. Bis zu ihrem 60. Lebensjahr steht Clara Ziegler auf der Bühne, danach verfolgt sie die Arbeit hinter den Kulissen. „Sie war weiterhin mit dem Theater verbunden und hat auch selbst Stücke verfasst."

Ein eleganter Säulengang ziert das Gebäude des Deutschen Theatermuseums.

Während ihrer gesamten Zeit am Theater sammelt Clara Ziegler Gegenstände aus ihren Vorstellungen. „In ihrer Villa inszenierte sie diese Objekte, darunter Kränze und Geschenke, aber auch ihre Memorabilien. Sie appellierte ebenso an Kolleginnen und Kollegen, es ihr gleichzutun und die Erinnerungen aus dem Theater festzuhalten." Ein Vorhaben, das sie 1907 in Form der „Clara-Ziegler-Stiftung" festlegt, denn laut Testament sollte nach ihrem Tod die Sammlung zu einer Museumsausstellung werden. „Ihre Villa war sozusagen unser Stammhaus, der Kern, aus dem das heutige Deutsche Theatermuseum mit Sitz im Münchner Hofgarten entstanden ist", erklärt die aktuelle Leiterin. Denn nachdem das Anwesen Zieglers während des Zweiten Weltkriegs zerstört wurde, fand das Museum in der Galeriestraße ein neues Zuhause – als das Deutsche Theatermuseum. „Wir haben im Museum viel zu Clara Ziegler, ihrem Nachlass mit Briefen, Programmheften, Theaterzetteln, Fotografien und etliches mehr. Aber unsere Sammlung ist natürlich wesentlich umfangreicher, mit Objekten aus dem gesamten deutschsprachigen Raum, vom Barock bis in die Gegenwart. Darunter finden sich Bühnenbildentwürfe, Modelle, szenische Grafik, zahlreiche Nachlässe sowie die – weltweit größte – Sammlung analoger Theaterfotografie mit über fünf Millionen Bildern."

Am 19. Dezember 1909 stirbt Clara Ziegler in ihrer Villa in München, weniger als ein Jahr später wird das Museum ebenda eröffnet. Ihre letzte Ruhestätte findet die Schauspielerin neben ihrem ehemaligen Mentor und Ehemann Adolf Christen auf dem „Alten Südfriedhof" in München. Zuvor war sie jedoch eigens für die Feuerbestattung nach Ulm überführt worden – in die Stadt, in der sie ihr Repertoire erlernte, dort, wo ihre ruhmreiche Karriere ihren Anfang nahm und sie das Publikum begeisterte, als sie in der Rolle der Medea unter den Augen der zahlreichen Zuschauer mit inbrünstiger Leidenschaft ihren bodenlangen Mantel zerriss.

Annika Stahl

Erinnerungsorte:

Das Deutsche Theatermuseum, das aus der „Clara-Ziegler-Stiftung" hervorgegangen ist, befindet sich in der Galeriestraße, auf der Nordseite des Hofgartens.

Gleiche unter Gleichen

Dem Wohl der Frauen verpflichtet

Voller Ungeduld öffnet die junge Engländerin das Schreiben, doch erneut zerschlagen sich ihre Hoffnungen. Wieder wird ihr das Ablegen des medizinischen Staatsexamens verweigert; nicht nur der britische Konsul, auch die deutsche Kaiserin Auguste Victoria hatten vergebens für sie interveniert. Selbst ihre Eingabe beim Reichskanzleramt zeigt keine Wirkung. Aufgeben kommt für Hope Bridges Adams aber nicht infrage und sie sucht nach einem Ausweg.

„Diese ungewöhnliche Frau wurde in Halliford bei London geboren", erzählt Marita Krauss. Das Interesse der Professorin für Europäische Regionalgeschichte sowie Bayerische und Schwäbische Landesgeschichte an der ersten praktischen Ärztin Münchens wurde bereits vor vielen Jahren geweckt, als sie sich der Frauenrechtsbewegung in der Isarstadt widmete. Da sich kaum Quellen über die Engländerin finden ließen, begab und begibt sich Marita Krauss immer noch auf Spurensuche. „Um das Leben von Hope wieder sichtbar zu machen, war eine Mischung aus Glück, Zufall und Findigkeit notwendig", erläutert die Augsburger Professorin. „In allen deutschen Archiven, die infrage kamen, suchte und fragte ich nach der Medizinerin."

Im Laufe der Recherchen zu ihrem Buch *Hope – Dr. Hope Bridges Adams Lehmann – Ärztin und Visionärin* befasste sich die Historikerin auch mit Hopes Herkunftsfamilie. „Und die war für die damalige Zeit alles andere als normal", sagt Marita Krauss. „Ihr Vater war Erfinder und zumindest phasenweise erfolgreicher Eisenbahnunternehmer." Doch William Bridges Adams widmete sich nicht nur der Verbesserung von techni-

Diese Aufnahme von Hope Bridges Adams Lehmann stammt aus dem Jahr 1898 und zeigt ihre charakteristische Kurzhaarfrisur.

schen Fragen, sondern gehörte auch der „early radical feminist" – frühe radikale Feministen – an. Und veröffentlichte unter anderem im April 1833 folgende These: „Frauen sollten als den Männern gleichwertig betrachtet und behandelt werden. Dafür müsse aber die Heirat zu einem zivilen Vertrag werden, der wie jeder andere Vertrag auflösbar sei", in der Zeitschrift *Monthly Repository*. „Damit forderte Hopes Vater, dass Frauen nicht nur wirtschaftlich unabhängiger werden, sondern sprach ihnen auch das Recht auf Scheidung zu", erläutert Marita Krauss die progressive Haltung Bridges Adams.

Aufgewachsen in einem reformfreudigen und emanzipationsbejahenden Umfeld, ergreift Hope nach dem Tod ihres Vaters und einem Umzug nach Dresden die Möglichkeit, sich in Leipzig im Wintersemester 1876/77 als Gasthörerin für das Medizinstudium einzuschreiben. „Regulär immatrikulieren konnten sich Frauen allerdings nicht", sagt die Historikerin, „denn dafür wäre das Abitur erforderlich. Da aber nur Knaben das Gymnasium besuchen durften, konnten die jungen Frauen diese Anforderung nicht erfüllen, es hieß immer, sie könnten ja kein Latein." Nach ihrem Studienantritt beantragt Hope, die Prüfung zum Abitur als Externe in Sachsen ablegen zu dürfen – doch dieser Wunsch bleibt ihr verwehrt. Dennoch studiert Hope zwei Jahre lang Medizin, ehe sich erneut Hürden vor ihr auftun. Um weiterstudieren zu können, muss sie das Physikum bestehen. Doch da ihr das Abitur fehlt und sie als Gasthörerin keine Prüfungen und Examen absolvieren kann, ist sie auf das Wohlwollen ihrer Professoren angewiesen. Diese ermöglichen ihr allen Widerständen zum Trotz, die Prüfung abzulegen – auch wenn diese keineswegs offiziell anerkannt wird – und damit kann sie nun den klinischen Teil ihres Studiums in Angriff nehmen. Zudem besucht Hope Veranstaltungen von August Bebel sowie des Schriftleiters der *Dresdner Volkszeitung* Georg von Vollmar, der 1878 über die „Emanzipation des weiblichen Geschlechts, ein Hauptbestandteil der sozialen Frage" spricht.

„Hope Bridges Adams hatte es geschafft, die nötigen Vorlesungen zu besuchen, das Physikum und auch die Praktikumsscheine zu bekommen. Doch nun ging es um die schwerste Hürde: das deutsche Staatsexamen", schreibt die Historikerin in ihrem Buch. Obwohl Hope prominente Rückendeckung erhält, verwehrt man ihr die Zulassung zum Examen. Aber wie schon beim Physikum kann sich Hope auf das Wohlwollen ihrer Professoren verlassen. „Vermutlich erlaubten diese Hope, die schriftliche Prüfung mitzuschreiben", sagt Marita Krauss. „Und auch die mündliche Prüfung durfte sie nicht nur ablegen, ihre Professoren bestätigten ihr sogar schriftlich die Ergebnisse."

Da in Leipzig ihr Gesuch zu promovieren abgelehnt wird, zieht es Hope nun nach Bern in die Schweiz, wo sie ihre Doktorarbeit über die *Hämoglobinausscheidung in der Niere* erfolgreich verteidigt. Im Anschluss hospitiert Hope sowohl in Wien als auch in London. Sie wird im April 1881 am King and Queen's College of Physicians in Dublin als Lizentiatin zugelassen und erhält nach einer Prüfung als 23. Frau in Großbritannien ihre englische Approbation. Doch nicht nur beruflich läuft es für die frischgebackene Ärztin in ihrem Heimatland vielversprechend. Ein Kommilitone aus Leipzig ist ihr auf die Insel gefolgt – Otto Walther hat bei der jungen Frau Eindruck hinterlassen. „Und als ihr Verehrer angeblich drohte, sich in die Themse zu stürzen, wenn sie ihn nicht erhörte, packt Hope ihre Sachen und zieht wieder zurück nach Preußen", schildert Marita Krauss den Sinneswandel von Hope Bridges Adams.

Ihren Traum, als Ärztin zu arbeiten, gibt sie deshalb aber nicht auf und so wendet sie sich am 12. Juli 1881 erneut an die preußische Staatsregierung: „Von Fräulein Hope Bridges Adams, welche sich zum Zwecke der Ausübung der ärztlichen Praxis in Frankfurt a. M. niederzulassen beabsichtigt, sind mir die beiliegenden Zeugnisse zur Einreichung an die königliche Regierung übergeben worden mit dem Ersuchen sie zu bescheiden, ob sie sich als ‚in England approbierte und in der Schweiz promovierte Ärztin' bezeichnen dürfe."

Bereits im Oktober zieht Otto Walther bei ihr ein und im Januar 1882 wird dann schon in Frankfurt am Main die Hochzeit der beiden gefeiert. Auch nachdem 1884 Sohn Heinz und zwei Jahre später Tochter Mara geboren werden, übt Hope weiterhin ihrem Beruf aus. Doch da ihr die deutsche Approbation verweigert wird, kann sie nur als sogenannte *Kurpfuscherin* ihrer Profession nachgehen. Rezepte, Impf- oder Totenscheine darf sie nicht selbst unterzeichnen, sondern muss hierfür immer ihren Mann bemühen, mit dem sie gemeinsam eine Hausarztpraxis betreibt.

Neben Beruf und Familie engagieren sich sowohl Otto als auch Hope politisch. Das ist unter dem Sozialistengesetz, das sozialdemokratische Aktivitäten verbietet, riskant. Während Dr. Otto Walther 1884 und 1886 dennoch für die Sozialdemokraten als Stadtrat kandidiert, übersetzt Hope das Buch von August Bebel *Die Frau und der Sozialismus* ins Englische. Ferner sorgt die Sozialdemokratin auch für den Druck des Werks in England und finanziert sogar laut einem Schreiben von August Bebel an Friedrich Engels die englische Publikation *WOMAN IN THE PAST, PRESENT AND FUTURE* mit. „Zudem bemühte sich Hope auch um die sozialistische Bildung der Frauen“, sagt die Historikerin. „Sie leitete einen Frauenlesezirkel, in dem Werke zur Frauenfrage und Volkswirtschaft gelesen wurden.“

Hope Bridges Adams Lehmann setzte sich immer für das Wohl all ihrer Patientinnen - unabhängig ihrer gesellschaftlichen Stellungen - ein.

Kurz nach der Geburt von Mara ziehen aber düstere Wolken auf, denn Hope erkrankt schwer. Sie hat sich mit Lungentuberkulose infiziert. „Es gab damals kein Heilmittel gegen die Volkskrankheit TBC“, erläutert Marita Krauss. „Sie galt als Proletarierkrankheit, da sich die Arbeiter in den engen und oft schmutzigen Wohnungen sehr leicht gegenseitig ansteckten. Und leider hatten Ärzte allgemein ein besonders hohes Infektionsrisiko.“

Da es Hope sehr schlecht geht, helfen sozialdemokratische Freunde und ermöglichen der Familie den Umzug auf die Brandeck im Schwarzwald auf rund 550 Meter Höhe. Gemeinsam mit ihrem

Mann erarbeitet sie ein neues Kurkonzept für sich selbst: viel frische Luft, Bewegung, sorgsame Schonung und einen gezielten Gewichtsaufbau. Rund vier Jahre braucht Hope, bis sie wiederhergestellt ist. Die so erprobte Kur wird zur Grundlage einer vielfach kopierten TBC-Heilmethode. „Es war eine schwere Zeit für Hope und insbesondere für die kleine Mara", schildert Marita Krauss. „Hope wagte es nicht, das kleine Mädchen auf den Arm zu nehmen, zu groß war die Angst, Mara mit TBC anzustecken. Zeitlebens stand diese Zeit zwischen Mutter und Tochter – die Distanz konnten sie nie wieder völlig überwinden."

Während ihrer Genesung setzen sowohl ihr Mann als auch Hope ihre politische Arbeit fort, die Brandeck dient als Treffpunkt für sozialdemokratische Freunde wie Wilhelm Liebknecht, Karl Grillenberger, August Bebel und auch Adolf Geck. „Für mehrere junge Männer aus der Gegend bildete Hope immer mehr den bewunderten Mittelpunkt: Das waren Eugen und Oskar Geck, Anton Fendrich und Carl Lehmann, rund zehn Jahre jünger als die etwa dreißigjährige Hope und ihr Mann", schreibt Marita Krauss in ihrer Biografie über die Ärztin. Die jungen Männer suchen den Rat der reformfreudigen Hope. „Dies galt auch für den bärenstarken, abenteuerlustigen und freiheitsdurstigen Carl Lehmann, dem Hope Englisch beibrachte und dessen beste Seiten sie auch in anderer Hinsicht zu wecken suchte."

„Dies galt auch für den bärenstarken, abenteuerlustigen und freiheitsdurstigen Carl Lehmann, dem Hope Englisch beibrachte und dessen beste Seiten sie auch in anderer Hinsicht zu wecken suchte."

Die Brandeck wird aber von Carl Lehmann sowie Adolf und Josef Geck zugleich für den Schmuggel der verbotenen Zeitung *Der Sozialdemokrat* aus dem Ausland ins Deutsche Reich genutzt. Doch diese Aktivitäten bleiben nicht ohne Folgen: Anfang September 1888 steht die Polizei vor der Tür. Die Brandeck wird durchsucht und neben Hopes Ehemann Otto auch Carl Lehmann und weitere 14 Männer verhaftet. Sechs Wochen muss Hope auf ihren Gatten verzichten, ehe er wieder entlassen wird. Während Carl Lehmann sich bei dem mehrere Tage dauernden Prozess herauswinden kann, müssen manche der Angeklagten für einige Monate in Haft, unter anderem auch Adolf Geck.

Nach Hopes Genesung wagt sich das Ehepaar Walther beruflich an eine neue Herausforderung: Im nahe gelegenen Nordrach errichten sie ein großes Lungensanatorium, in dem sie statt Liegekuren Bewegung verordnen. „Sie legten Wanderwege an und verteilten Wanderkarten an ihre Patienten", berichtet die Historikerin. „Hygiene und Ernährung waren ein weiterer wichtiger Bestandteil der Therapie. So verfügte jedes Zimmer über eine eigene Dusche." Wer das vorgegebene Alkoholverbot nicht einhält oder sich über die klaren Diätvorschriften hinwegsetzt, muss die Klinik verlassen und nach Hause fahren. Während Otto Walther mit eiserner Hand über sein Lungensanatorium herrscht, knüpft Hope Kontakte und freundet sich unter anderem mit Clara Zetkin, die in Nordrach zur Behandlung ist, an. Es kommen viele internationale Patienten und Ärzte, das Konzept des Sanatoriums macht vor allem in England Furore. Carl Lehmann arbeitet unterdessen für das Ehepaar Walther als Verwalter in Nordrach und studiert ab 1890 in Straßburg Medizin.

„Hygiene und Ernährung waren ein weiterer wichtiger Bestandteil der Therapie. So verfügte jedes Zimmer über eine eigene Dusche."

Zwischen dem Hünen und der gerade einmal einen Meter fünfzig großen Hope entwickelt sich eine besondere Beziehung. „Wann genau aus kameradschaftlicher Verbundenheit und vertrautem täglichen Umgang Liebe wurde, ist nicht überliefert", erzählt Marita Krauss. „Aber Hope war Carl von Anfang an sehr zugetan. Und auch er scheint an ihr großen Gefallen gefunden zu haben." Als sie ihren Mann um die Scheidung bittet, lehnt dieser vehement ab. „Erst als Otto selbst eine neue Beziehung eingeht, willigt er 1895 schließlich ein."

Doch Hope nutzt diese Zeit der Ungewissheit wieder einmal produktiv. Während ihre Ehe in Scherben liegt und sie deren endgültiges Ende herbeisehnt, schreibt sie zwischen 1890 und 1895 ihr umfänglichstes publizistisches Werk: *Das Frauenbuch. Ein ärztlicher Ratgeber für die Frau in der Familie und bei Frauenkrankheiten.* Als es 1896 in zwei Bänden erscheint, wird es ein voller Erfolg. „Über 40.000 verkaufte Exemplare und sechs Auflagen innerhalb des ersten Jahres", zählt Marita Krauss die Kennzahlen für Hopes Frauenbuch auf. Beflügelt durch den Erfolg gibt sie eine rund 700-seitige Kurzfassung mit dem Titel *Die Gesundheit im Haus. Ein ärztliches Hausbuch für die Frau* heraus. „Beide Bücher sollten medizinisches Grundwissen vermitteln, sie wollten aufklären und zu richtigem Verhalten anleiten", berichtet Marita Krauss über die Intention der Autorin. Hope verlässt 1896 den Schwarzwald und zieht nach München, um dort ihren Carl zu heiraten und sich mit ihm als Ärztin niederzulassen.

Hope baut mit Carl die gemeinsame Praxis auf, sie operiert zudem im Krankenhaus des Roten Kreuzes in der Nymphenburger Straße. Aber noch immer ist es im Deutschen Reich nicht möglich, dass sich Frauen immatrikulieren lassen, geschweige denn, ein Staatsexamen ablegen und einen Doktortitel erwerben können. Als dann Frauen aber zum Studium zugelassen werden und ab 1903 auch das Staatsexamen in Bayern für Medizin ablegen dürfen, wagt Hope einen erneuten Anlauf: Nach nun über 25 Jahren bemüht sie sich um die späte Anerkennung ihrer inoffiziellen Examina. Hope stößt jedoch in Sachsen auf taube Ohren und deshalb wendet sich die bayerische Regierung direkt an den Bundesrat in Berlin. Fast ein Vierteljahrhundert nach ihrem Studienabschluss wird ihr Staatsexamen durch einen Bundesratsbeschluss anerkannt. 1904 erhält sie die deutsche Approbation und darf nun auch ihren Doktortitel führen. „Damit war sie die erste und bis zur Jahrhundertwende einzige Frau, die in Deutschland ein medizinisches Staatsexamen abgelegt hatte", unterstreicht Marita Krauss die Bedeutung des Beschlusses.

Um ihren vollen Arbeitstag stemmen zu können, legen sich die Lehmanns 1906 ein Auto zu – das Hope selbstverständlich auch selbst fährt. „Zwischen sieben und acht Uhr morgens verließ sie jeweils ihre Wohnung in der Gabelsbergerstraße 20 a und fuhr dann ins Krankenhaus. Dort operierte sie vormittags oder machte bei ihren Patientinnen Hausbesuche", schildert Marita Krauss den üblichen Tagesablauf von Hope. Am Nachmittag findet dann Hopes Sprechstunde ab 15 Uhr statt. Offizielles Ende ist unter der Woche um 17 Uhr und am Freitag um 18 Uhr. „Doch manchmal ging es bis elf oder zwölf Uhr in der Nacht."

Im Laufe der Zeit entwickelt sich die Praxis von Hope zu einer Armenpraxis. In den Anfangsjahren gehen zunächst viele gut situierte Frauen zu ihr. Da Hope aber nicht zwischen ihren Patientinnen unterschied – egal ob selbstzahlend, Krankenkasse oder Arme – und sie in eine gemeinsame Sprechstunde bestellt und rein nach Reihenfolge abarbeitet, zog sie den Unmut der reicheren Frauen auf sich. „Hinzu kommt, daß Frau Dr. Lehmann sich um ihre armen Patientinnen nicht nur in ärztlicher Beziehung, sondern auch anderweitig sehr bemüht, ihnen Stiftungsgelder zu verschaffen sucht, Arbeitsgelegenheiten vermittelt, für manche auch im Roten Kreuz bezahlt; das bewirkt, daß sich die Armen besonders zu ihr drängen", berichtete Dr. Anton Hengge.

Neben ihrer Arbeit plant Hope aber auch ein großes Krankenhaus mit über 400 Betten für Frauen – ihr sogenanntes Frauenheim. Es sollte aus drei aneinander gebauten Häusern bestehen und in die Bereiche für Frauenkrankheiten, für Entbindungen und für Rekonvaleszentinnen unterteilt werden. „Hopes Entwurf nahm damit auch das Konzept eines Müttergenesungsheimes vorweg", ergänzt Marita Krauss. „Die Konzeption des Frauenheims enthielt etliche weitere für das Krankenhauswesen geradezu revolutionär reformatorische Elemente, die den sozialen und volkshygienischen Überzeugungen von Dr. Adams Lehmann entsprachen."

Für die Umsetzung benötigt Hope Geld, viel Geld. Doch ihr guter Ruf und ihre guten Beziehungen in alle sozialen Schichten helfen ihr: Bereits 1913 stellt ihr nicht nur die Stadt München ein entsprechendes Grundstück zur Verfügung; Hope hat ein jährliches Betriebskapital von 20.000 Mark zusammenbekommen.

Aber nicht allen gefällt das Projekt – insbesondere die Hebammen stehen dem skeptisch gegenüber. Schließlich wollte Hope die Geburt aus dem häuslichen Umfeld in das Krankenhaus verlagern und würde somit das Einkommen der Hebammen reduzieren. Mit gezielten Denunzierungen belasten sie Hope, die dann in der Folge mit einer umfangreichen Voruntersuchung wegen unrechtmäßiger Abtreibungen konfrontiert wird. Währenddessen beginnt der Erste Weltkrieg: Die gebürtige Engländerin bricht bereits im September 1914 mit dem Segen der bayerischen Regierung zu einer abenteuerlichen Reise nach England auf. Hope will zwischen ihrem Vaterland und ihrem zweiten

Heimatland – so empfindet sie inzwischen für Deutschland – vermitteln und Missverständnisse zwischen den Völkern ausräumen. Als sie im Januar 1915 nach Deutschland zurückkehrt, veröffentlicht sie die Erlebnisse ihrer Reise anonym in der Broschüre *Kriegsgegner in England*.

Rund drei Monate später muss Hope erneut reisen, doch dieses Mal folgt sie ihrem Mann Carl nach Valenciennes in Frankreich. Dieser hat sich eine Blutvergiftung an der Front zugezogen und liegt in einem Feldlazarett. Obwohl ihn Hope noch vier Tage lang aufopferungsvoll pflegt und behandelt, stirbt er. Hope wahrt nach außen hin zwar die Fassung, doch innerlich bricht sie zusammen. „Carl Lehmann war für sie der Kraftquell gewesen, dem sie ihre große Energie verdankte, der Partner, mit dem es sich zu leben lohnte", fasst Marita Krauss die große Verbundenheit Hopes mit ihrem Gatten zusammen. Zurück in München ordnet Hope gewissenhaft den Nachlass, kümmert sich um das Grab in Frankreich und stellt drei große Fotoalben zusammen. „Und diese konnte ich im Laufe meiner Recherchen aufspüren", berichtet die Historikerin. „Die Alben haben mein Wissen über diese außergewöhnliche Frau sehr bereichert." Mit dem Tod ihres Mannes verlässt Hope der Lebensmut. Am 10. Oktober 1916 stirbt Hope in der Isarstadt auf eigenen Wunsch.

Melanie Kunze

Erinnerungsort:

Die Adams-Lehmann-Straße im Stadtbezirk 4 Schwabing-West wurde nach einem Beschluss vom 9. Dezember 2004 umbenannt und soll dort an die Ärztin Hope Bridges Adams Lehmann erinnern.

„Schluss mit Tanzen"

Vom Schauspiel in die Politik

Etwa 23.000 Menschen haben sich im New Yorker Madison Square Garden versammelt. Es ist der 15. März 1937, als dort eine der ersten großen Massenkundgebungen in den Vereinigten Staaten gegen die Geschehnisse in Deutschland – gegen Adolf Hitler – stattfindet. Eine der Vortragenden dieser „Peace and Democracy Rally" ist Erika Mann, Tochter des berühmten Schriftstellers und Nobelpreisträgers Thomas Mann. Kurz nach der einleitenden Begrüßung soll die 31-Jährige, die zu dieser Zeit bereits seit vier Jahren im Exil lebt, zum Thema „Die Frau im Dritten Reich" referieren. Doch etwas ist schiefgegangen: Erika Mann wurde nicht vom Hotel abgeholt, weshalb sie sich nun selbst durch die dichte Menschenmenge zur Bühne durchdrängen muss. Als sie an das Rednerpult tritt, bleibt ihr keine Zeit sich ihrer Nervosität hinzugeben, die in ihren Ausmaßen mit der Größe des Publikums konkurriert. Nach einer kurzen Grußnote ihres Vaters beginnt sie ihren fünfzehnminütigen Vortrag. Ein Erfolg. Die Menschen applaudieren lautstark. „Da hat sie gemerkt: Das funktioniert", erklärt Sylvia Schütz, Kuratorin der *Monacensia* im *Hildebrandhaus*, die Literaturarchiv, Bibliothek und Museum zugleich ist. Denn im Gegensatz zum antifaschistischen Kabarett „Die Pfeffermühle", das Erika Mann einige Jahre zuvor in München gegründet hatte und das als englischsprachige Version erfolglos blieb, findet sie als politische Rednerin Anklang in den Vereinigten Staaten von Amerika.

Ein Jahrzehnt zuvor ahnt Erika Mann noch nicht, dass sie politisch aktiv und als Vortragsrednerin durch die USA reisen wird. „Mit Bubikopf und Zigarette verkörperte Erika Mann in

Erika Mann war ein Multitalent: Kabarettistin, Kriegsjournalistin und Schriftstellerin.

ihren Zwanzigern den Typus der neuen Frau", schildert Literaturwissenschaftlerin Sylvia Schütz. „Sie ist zwar behütet in der Familie Mann aufgewachsen, doch sie war ein ziemlich wildes Kind. Kurz nach ihrem Abitur ist sie dann nach Berlin gegangen und hat dort Schauspielerei gelernt. Für den täglichen Broterwerb verfasste sie als Feuilletonistin kurze, witzige Glossen und Artikel." Und sie sei eine leidenschaftliche Automobilistin gewesen, ergänzt Sylvia Schütz. „Erika hat früh ihren Führerschein gemacht und ist eine Ralley mitgefahren, die sie durch Europa und bis nach Afrika geführt hat." Die Tochter des berühmten Schriftstellers interessiert sich für Kunst, Menschen und fremde Länder, 1927 unternimmt sie mit ihrem Bruder Klaus Mann eine Weltreise. Ihr Auftreten beschreibt Irmela von der Lühe, Autorin der Biografie *Erika Mann*, wie folgt: „Außergewöhnlich schön und hinreißend charmant muss Erika in den Zwanzigerjahren gewesen sein, eine Stegreifkomödiantin mit ausgeprägtem Sinn für Albernheiten und Unverschämtheiten." Damals zeigte die gebürtige Münchnerin noch kein Interesse an Politik. „Es war die Zeit, in der wir tanzten", zitiert Sylvia Schütz die Worte Erika Manns. „Dann gab es ein Erlebnis, an dem man festmachen konnte, dass sie politisiert worden ist", deutet die Literaturwissenschaftlerin an, die gemeinsam mit Irmela von der Lühe, Professorin im Ruhestand für Neuere Deut-

Die Kriegsreporterinnen Sonia Tomara, Rosette Hargrove, Betty Knox, Iris Carpenter und Erika Mann (v.l.n.r.) während eines Einsatzes im Jahr 1944.

sche Literatur an der FU Berlin, eine Ausstellung zum 50. Todestag Erika Manns in der *Monacensia* konzipierte.

„Im Januar 1932 wurde sie zu einer Frauen- und Friedensversammlung im Hotel ‚Union' in München eingeladen, um als Rezitatorin – sie war ja ausgebildete Schauspielerin – zu sprechen", fährt die Kulturvermittlerin fort. Die Kundgebung hatte zum Ziel, die bald stattfindenden Genfer Abrüstungskonferenzen zu beeinflussen. Nach der Hauptrednerin Marcelle Capy rezitiert Erika Mann aus der pazifistischen Zeitschrift *Die Zukunft*. Lautstark wird die Veranstaltung von der nationalsozialistischen Sturmabteilung gestört. Doch entscheidend war, was danach geschah: „Es folgte eine regelrechte Schmutzkampagne der Presse, bei der Erika Mann in einschlägigen nationalsozialistischen Zeitschriften diffamiert worden ist." Der *Völkische Beobachter* betitelt ihre Zeitung mit der Überschrift „Pazifisten-Skandal in München" und schreibt unter anderem, dass das Auftreten Erika Manns ein besonders widerliches Kapitel darstelle, die ihren blühenden Unsinn über die deutsche Zukunft vortrage. Andere Blätter beleidigen ihre Erscheinung: „Die Haare über einem nicht ganz kopfähnlichen Gebilde im Herrenschnitt frisiert, kurz, schon rein äußerlich eine heillose Begriffsverwirrung." Auch Drohungen gegen die Familie Mann folgen. „Das war der Moment, in dem sie wusste: Jetzt muss ich politisch werden. Sie hat die Notwendigkeit, dass man sich gegen Hitler stellen muss, erfasst und ihr berühmtes Kabarett ‚Die

Kuratorin und Literaturvermittlerin Sylvia Schütz kümmert sich um die Ausstellungen der Monacensia.

Pfeffermühle' gegründet." Doch dieses kann nur kurze Zeit in der Isarstadt bestehen, denn wenig später, am 1. Januar 1933, erfolgt die Ernennung Hitlers zum deutschen Reichskanzler.

„Das muss man sich mal vorstellen", sagt die Mitarbeiterin der *Monacensia*, in der der Nachlass von Erika Mann verwahrt wird. „Das Ensemble trat in der ‚Bonbonniere' in München auf, einer kleinen Bühne direkt am ‚Platzl'. Also in unmittelbarer Nähe zum Hofbräuhaus, wo die Nationalsozialisten ihre Reden hielten. In wenigen Metern Luftlinie Entfernung zu Hitler stand Erika Mann mit ihrem anti-faschistischen Kabarett auf der Bühne." Mit dabei sind Magnus Henning sowie Therese Giehse, mit denen sie „Die Pfeffermühle" gegründet hatte. Mit Letzterer verbindet sie neben ihrer Zusammenarbeit und Freundschaft auch die Liebe.

„Das Ensemble trat in der ‚Bonbonniere' in München auf, einer kleinen Bühne direkt am ‚Platzl'. Also in unmittelbarer Nähe zum Hofbräuhaus, wo die Nationalsozia-listen ihre Reden hielten. In wenigen Metern Luftlinie Entfernung zu Hitler stand Erika Mann mit ihrem anti-faschistischen Kabarett auf der Bühne."

Kurz nach der Machtergreifung Hitlers im Jahr 1933 fliehen die Mitglieder des Kabaretts aus Deutschland und setzen ihre Arbeit zunächst in Zürich fort. Bis 1936 treten sie in Europa auf und widmen sich weiter ihrem Kampf gegen den Faschismus. Von Gleichgesinnten erfährt Erika Mann eine unglaublich positive Resonanz: „Sie machen zehnmal mehr gegen die Barbarei als wir alle Schriftsteller zusammen", zitiert Sylvia Schütz die Worte von Joseph Roth an die Kabarettistin im Frühjahr 1935. Von der Presse hingegen wird Erika Mann zerfleischt, man erkennt ihr wegen ihrer Auftritte sogar die deutsche Staatsbürgerschaft ab. Daher immigriert sie im Jahr 1936 – gemeinsam mit dem Kabarett – in die Vereinigten Staaten.

Der Versuch einer englischsprachigen Version, „The Peppermill", scheitert. „Unter anderem stellte die Sprache ein Problem dar. Der Hauptgrund war aber, dass ein politisch-literarisches Kabarett bei den Amerikanern keinen Anklang fand. Dort hat die Tradition für politische Satire gefehlt, die es in Deutschland schon länger gab. Der Funke ist einfach nicht übergesprungen." Doch sie muss einen Weg finden: „Erika Mann war es wichtig, die Amerikaner zu überzeugen, dass Hitler Krieg bedeutet." Als sie im März 1937 im New Yorker Madison Square Garden auftritt, merkt sie: „Das Kabarett hat nicht gezogen, aber *ihr* wurde Aufmerksamkeit zuteil. Also hat sie ihr Anliegen, gegen Hitler zu kämpfen, mit anderen Mitteln fortgeführt." Als „lecturer" hält sie in zahlreichen Städten Vorträge über die Zustände in Deutschland, will informieren. Ein Format, das den Amerikanern bekannt ist. Eine Agentur nimmt sie unter Vertrag und die Schriftstellerin zieht durch das Land, um über die deutsche Diktatur aufzuklären. Kein leichtes Unterfangen, schon wegen der sprachlichen Barriere: „Die Sprache war für mich eine sehr schwere Hürde, natürlich, eine hohe Hürde", erklärt Erika Mann in einem Interview 1968. Dennoch, während des Zweiten Weltkriegs arbeitet sie als Kriegskorrespondentin der U.S. Army, für die sie Reportagen schreibt: „In amerikanischer Uniform ist sie an die Kriegsschauplätze gereist und hat von dort berichtet."

„Das finde ich auch so faszinierend an ihr", fährt Sylvia Schütz fort: „In ihrem Schulzeugnis hatte sie in Englisch mangelhaft stehen, aber wenn es um die Sache ging, hat sie sich relativ schnell erfunden." Und sie hatte den Mut, als emigrierte Deutsche mit Anfang Dreißig in einer fremden Sprache vor 23.000 Menschen zu sprechen. „Übrigens", merkt Sylvia Schütz an, „Erika Mann war die Einzige in ihrer ganzen Familie, die auch Bairisch sprechen konnte!"

Annika Stahl

Erinnerungsort:

In der ehemaligen „Bonbonniere" in der Neuturmstraße 5 trat Erika Mann mit ihrem antifaschistischen Kabarett „Die Pfeffermühle" auf.

Klangvolles Organ

Fotografin, Anwältin, Frauenrechtlerin

„In eine Schublade packen lässt sich Anita Augspurg nicht“, resümiert Dagmar Mann über die Frauenrechtlerin, die das *Blatt der Hausfrau* als „jene Münchner Juristin, mit dem klangvollen Organ und der haarscharfen Zunge“ beschrieben hat und „die stets eine der gewandtesten Sprecherinnen auf allen öffentlichen Frauenversammlungen ist.“ Denn immer wieder schlägt sie neue Richtungen in ihrem Leben ein, das zunächst ganz beschaulich in Verden an der Aller beginnt. Dort wird Anita in eine Juristen- und Medizinerfamilie hineingeboren, besucht die höhere Töchterschule, um anschließend als Lehrerin zu arbeiten. Doch große Freude bereitet ihr das Unterrichten nicht und als sie in Dresden Sophia Goudstikker kennen- und auch liebenlernt, fasst sie den Entschluss, Fotografin zu werden.

„Bevor sie 1886 nach München kommt, haben sie bereits als Paar in Dresden gelebt“, sagt die Gästeführerin. Am 13. Juli 1887 eröffnen Anita Augspurg und Sophia Goudstikker das Fotostudio „Atelier Elvira“. Die beiden Frauen haben sich auf das Porträtieren von Kindern spezialisiert – das gilt damals als sehr schwierig, da die Belichtungszeiten noch lang sind und es den Kleinen ja bekanntlich schwerfällt, still zu stehen. Zu ihrer überwiegend weiblichen Kundschaft zählen aber schnell auch namhafte Schriftstellerinnen und Frauenrechtlerinnen. Die wohlhabenden Bürger Münchens schätzen die Arbeit der Fotografinnen – insbesondere die von Sophia Goudstikker –, und selbst adlige Kreise sowie die Hof- und Staatsbeamten wollen sich und die Ihrigen von den beiden Frauen ablichten lassen. Schon wenig später wird Goudstikker als erste Frau zur König-

Anita Augspurg ließ sich 1902 in ihrem gemeinsam mit Sophia Goudstikker gegründeten Fotostudio Elvira ablichten.

lich Bayerischen Hoffotografin ernannt und das Fotostudio darf sich nun „Hofatelier Elvira" nennen.

Beide Frauen sind für die damalige Zeit auffällige Erscheinungen: Sie rauchen, fahren Fahrrad und tragen Kurzhaarfrisuren. Dass es sich bei ihnen um ein homosexuelles Paar handelt, wissen nach Einschätzung Dagmar Manns die meisten, aber niemand spricht groß darüber. München ist um 1900 sehr liberal und ein Anziehungspunkt für Künstler, die, vor allem in Schwabing, hier frei als „Bohemiens" leben.

„1893 schrieb sich Anita Augspurg in Zürich für ein Jurastudium ein – zu diesem Zeitpunkt war es für Frauen noch nicht möglich, in Deutschland zu studieren", schreibt Kerstin Wolf in ihrem Buch *Unsere Stimme zählt! – Die Geschichte des Deutschen Frauenwahlrechts*. „Sie hatte sich zu diesem Zeitpunkt bereits mit der Frauenbewegung befasst und ziemlich gut verstanden, dass es vor allem die rechtliche Situation von Frauen im Kaiserreich war, die die Unterdrückung ihres Geschlechts möglich machte."

Bei einem Frauenkongress im Jahr 1896 lernt Anita Augspurg, die sich zwischenzeitlich von Goudstikker getrennt hatte, Lida Gustava Heymann kennen. Anita muss auf die Frauenrechtlerin aus Hamburg mächtig Eindruck gemacht haben, sie beschreibt die Begegnung der beiden: „Schon ergrauendes kurzes Haar umrahmte eine hohe Stirn, unter der zwei klar schauende Augen blitzten. Ein scharfes Profil stand in merkwürdigem, aber nicht unharmonischem Kontrast mit einem liebreizvollen kleinen Munde, Kinn und kleinen Ohren."

Im Folgejahr promoviert Anita und erhält ihren Doktortitel. „Damit ist sie die erste deutsche Juristin", unterstreicht Dagmar Mann. Doch sie arbeitet nicht als Anwältin, sondern engagiert sich in der Frauenbewegung. Insbesondere die aktuelle Ausarbeitung des Bürgerlichen Gesetzbuches (BGB) weckt ihr Interesse. Denn es „drohte zu einer frauenfeindlichen (vor allem in Bezug auf die Stellung der Ehefrauen) Katastrophe zu werden", schreibt Kerstin Wolff. „Dabei wollte sie vor allem deutlich machen, dass die Abschaffung der Rechtsungleichheit zwischen den Geschlechtern der Hebel für eine vollständige Emanzipation der Frau sei." Doch allen Bemühungen zum Trotz wird das neue Gesetz – obwohl selbst in konservativen Kreisen das eheliche Güterrecht, das den ganzen Besitz dem Mann zuordnete, umstritten war – verabschiedet. Damit steht für Anita und die Frauenbewegung fest, dass Frauen in die Parlamente müssen, da aller Druck der Straße nicht geholfen hatte, eine frauenfeindliche Gesetzgebung zu verhindern. Deshalb gründet Anita Augspurg in Hamburg den ersten Verein, der sich explizit um das Frauenwahlrecht kümmern soll. Aber wieso Hamburg, wo sich doch das politische Leben in Berlin abspielt und sie selbst in München lebt?

Die Erklärung liefert Lida Gustava Heymann in den gemeinsamen Memoiren *Erlebtes – Erschautes*: „Dürfen die Frauen in manchen wichtigen Staaten des deutschen Reiches, wie Preußen und Bayern, keine politischen Vereine gründen, so verlegen wir den Sitz eines deutschen Vereins für Frauenstimmrecht in einen der 16 Bundesstaaten, deren Verfassung und Vereinsgesetze derartige vorsintflutliche Bestimmungen nicht kennt, also das Bestehen von politischen Frauenvereinen gestattet." Und zusätzlich könnten damit alle Frauen, auch die in den rückständigsten deutschen Bundesstaaten, die Mitgliedschaft in dem Verein erwerben, denn dafür bestehe kein Verbot. „Die Vereinsgründung wurde zum Startschuss für die Frauenrechtsbewegung", konstatiert Dagmar Mann. „Aus allen Bundesstaaten kamen Mitgliedsmeldungen, selbst aus den kleinsten Dörfern."

Der Deutsche Verein für Frauenstimmrecht bietet in ganz Deutschland Vorträge an und hält Arbeitssitzungen. Der auf Öffentlichkeits- und Aufklärungsarbeit fokussierte Verein benennt sich 1904 in den Deutschen Verband für Frauenstimmrecht um.

„Als Propagandamittel besonders geschätzt wurde die Agitation von Frauen, die ein theoretisches Wahlrecht hatten; beispielsweise, wenn sie Hausbesitzerinnen waren und damit in manchen Kommunen theoretisch wahlberechtigt. Es ging darum, diese Frauen dazuzubekommen, dieses Recht auch auszuüben und damit zu zeigen, dass von wählenden Frauen die gutbürgerliche Welt nicht untergeht", erläutert die Autorin das Vorgehen des Vereins.

Im Jahr 1908 fällt das Preußische Vereinsgesetz. Frauen dürfen künftig sowohl in Preußen als auch in Bayern in politischen Vereinen und Parteien Mitglieder werden. Damit wird das Thema Frauenwahlrecht auch in die Parteien getragen. Doch was zunächst wie ein großer Vorteil erscheint, erweist sich letztendlich als Nachteil. Zu viele verschiedene Positionen lassen den Verband für Frauenstimmrecht in unterschiedliche Lager zerfallen. „Während die einen vehement für das Wahlrecht für alle kämpfen, streben andere für kleinere Lösungen. Insbesondere auch der Preußische Landesverband, der damit argumentiert, das bestehende Dreiklassenwahlrecht könne nicht einfach für alle realisiert werden, das stelle eine zu große Hürde dar", so Kerstin Wolff. Als auch der letzte Versuch scheitert, sich auf ein gemeinsames Ziel zu einigen, ziehen die Frauen einen Schlußstrich. Neben Anita Augspurg, Lida Gustava Heymann und Minna Cauer treten ebenfalls die bayerischen, hamburgischen, bremischen und Teile der badischen Landesverbände aus und gründen den dritten Frauenstimmrechtsverein, den Deutschen Stimmrechtsbund. „Sie wollten nicht von dem Ziel abweichen, ein allgemeines, gleiches, geheimes und direktes Wahlrecht für alle zu erlangen", bringt es die Schwabingerin Dagmar Mann auf den Punkt. Minna Cauer schreibt im Februar 1914 in ihrer Zeitschrift *Die Frauenbewegung* dazu: „Es ist nunmehr genügend Auswahl vorhanden, so daß jeder sein Feld sich aussuchen kann; das konservative, das gemäßigte und das demokratische. Rechnen müssen die Frauen also jetzt mit diesen drei Richtungen der bürgerlichen Frauenstimmrechtsbewegung in Deutschland."

Blick in Anita Augspurgs Münchner Haus in der Königinstraße aus dem Jahr 1899.

Mit Beginn des Ersten Weltkriegs verwandelt sich Anita Augspurg in eine strikte Pazifistin und verschreibt sich der Friedensarbeit. Im Frauenwahlrecht sieht sie die Möglichkeit, aktiv in den Parteien für

Frieden einzutreten. Doch sämtliche etablierten Parteien setzen nicht auf Frieden. „Zusammen mit anderen Pazifistinnen gründete sie während des Krieges auf einer Frauenfriedenskonferenz in Zürich die Internationale Frauenliga für Frieden und Freiheit (IFFF)", schreibt Kerstin Wolff in ihrem Buch zum Frauenwahlrecht. „Dies kreideten ihr nicht wenige einstige Weggenossinnen als ‚Landesverrat' an."

Letztendlich führt die Gründung der Internationalen Frauenliga ebenso wie der bereits 1923 gestellte Antrag beim bayerischen Innenminister, den späteren Reichskanzler Adolf Hitler wegen Volksverhetzung nach Österreich auszuweisen, dazu, dass Anita und auch ihre Lebenspartnerin Lida Gustava Heymann schon früh auf die schwarze Liste der Nationalsozialisten gelangen. 1933 nutzen sie eine Reise ins Ausland, um ins Exil in die Schweiz zu gehen. „Bayern zieht 1934 ihr Vermögen ein und zerstört ihr Archiv der Frauenrechtsbewegung", schildert Dagmar Mann die Reaktion der Obrigkeit in Nazi-Deutschland. 1937 verschlechtert sich Anitas Gesundheitszustand und sie wird pflegebedürftig.

Dennoch schaffen es die beiden Frauen zwei Jahre vor dem Krebstod Lida Gustava Heymanns ihre gemeinsame Biografie *Erlebtes – Erschautes: deutsche Frauen kämpfen für Freiheit, Recht und Frieden* zu veröffentlichen. Wenige Monate später – am 20. Dezember 1943 – verstirbt auch Anita Augspurg.

Melanie Kunze

Erinnerungsort:

Die Schulgemeinschaft in der Brienner Straße benannte sich zum Schuljahr 2013/2014 in Städtische Anita-Augspurg-Berufsoberschule für Sozialwesen um, da sie den Zielen und Werten von Anita Augspurg folgt und ihren Namen im öffentlichen Bewusstsein verankern will.

Bayerns letzte Kurfürstin

Politikerin, Beraterin, Spekulantin

In Eile verfasst Maria Leopoldine das Schreiben, vergisst dabei sogar Datum und Unterschrift. Hastig übergibt sie dem Boten die Nachricht, deren Inhalt kaum bedeutender sein könnte: In wenigen Zeilen unterrichtet die Kurfürstin darin Herzog Maximilian I. Joseph von Pfalz-Zweibrücken über das wahrscheinlich baldige Ableben ihres Ehemanns Karl Theodor von Pfalz-Bayern – und erkennt ihn, Maximilian, als Nachfolger an. Damit durchkreuzt sie die Pläne ihres Gatten, denn die Ehe mit dem Kurfürsten hatte einem einzigen Zweck gedient: Sie sollte ihm einen Erben schenken, wodurch sein bayerisches Vermächtnis an die Habsburger hätte fallen können – und nicht an Max Joseph, wie der Herzog in seiner Kurzform gerne genannt wird. Ein Plan, den Karl Theodor seit seinem Regierungsantritt in Bayern verfolgt hatte, und der nun von der jungen, selbstbewussten Italienerin verhindert wird.

Dr. Sylvia Krauss-Meyl, ehemalige Abteilungsleiterin im Bayerischen Hauptstaatsarchiv, erklärt die politischen Hintergründe: „Aufgrund von Hausverträgen hatte Karl Theodor sehr viele wittelsbachische Territorien geerbt, darunter auch das Kurfürstentum Bayern. Diese Hausverträge bestimmten, dass, sollte eine Linie aussterben, eine andere wittelsbachische Linie die Herrschaft über das angefallene Territorium übernehmen musste. Doch in diesen Verträgen wurde auch festgehalten, dass ein Gebiet gegen ein anderes getauscht werden durfte." Ein für Karl Theodor bedeutender Aspekt, denn als dieser im Jahr 1777 das Kurfürstentum Bayern geerbt hatte, musste er in die Isarstadt umziehen – und war alles andere als erfreut. „In München fühlte er sich nicht wohl, daher wollte er

Maria Leopoldine lebte in einer Umbruchzeit: Während sie im höfischen Leben des 18. Jahrhunderts erzogen wurde, erlebte sie später die Zeitströmungen der Aufklärung und Romantik.

Bayern sofort wieder loswerden", sagt die Historikerin. Als seine erste Frau Elisabeth Auguste im Jahr 1794 starb, ohne ihm einen Nachfolger zu schenken, bot sich dem Kurfürsten eine langerhoffte Chance: Mit einer erneuten Heirat würde ihm nicht nur ein Erbe geboren werden, sondern er könnte auch das Tauschprojekt realisieren.

Für ihr Buch über Maria Leopoldine hat Dr. Sylvia Krauss-Meyl zahlreiche Briefe der Kurfürstin studiert.

Karl Theodor wandte sich mit seinem Vorhaben an Kaiser Franz II., der ihm daraufhin seine Mailänder Cousine vorstellt, die zweite Tochter von Ferdinand Karl von Österreich und Maria Beatrice d'Este: Maria Leopoldine. Während die Habsburger mit einer solchen Vereinbarung Anspruch auf das ihm lästige Kurfürstentum Bayern erhalten würden, hoffte er im Gegenzug auf Gebiete um Brüssel, Mannheim und Düsseldorf, aus denen er ein „Königreich Burgund" bilden wollte. Die junge Prinzessin war eine hervorragende Wahl. Sie sei „vive", heißt es in einem Bericht des österreichischen Gesandten in München, „und bekommt gewiß Kinder". Einziges Manko: „Maria Leopoldine hatte eine Hüftfehlstellung, weswegen sie nicht richtig laufen konnte, die sie später allerdings sehr gut kompensieren konnte." Eigentlich ein Heiratshindernis, merkt die Archivarin an. Denn: Eine heiratsfähige Prinzessin musste makellos sein. „Da hat man wahrscheinlich gemeint, sie müsse wegen ihres Defekts froh sein, überhaupt einen Mann zu bekommen – und er dürfe in seinem Alter nicht zu hohe Ansprüche stellen." Tatsächlich war Karl Theodor mehr als fünf Jahrzehnte älter als die 17-jährige Italienerin. Wegen seines Alters und seiner gesundheitlichen Verfassung beschleunigte Karl Theodor das formell aufwendige Prozedere, und das junge Mädchen fand sich kurze Zeit später in der bayerischen Residenzstadt wieder – völlig allein und in der Fremde. „Mailand war sehr locker und die Familie wohnte meistens in ihrem wunderbaren Sommerpalast mit riesigem Park in Monza. Dort ist Maria Leopoldine sehr frei aufgewachsen, was ganz ungewöhnlich für die damalige Zeit war", erklärt die Historikerin. Und nun musste sie in einem goldenen Käfig leben, verheiratet mit einem über 70-jährigen Mann.

Maria Leopoldine widersetzte sich, eine Schwangerschaft blieb aus. „Sie hatte viele Affären während ihrer vierjährigen Ehe, aber verstand es, kein Kind zu bekommen", merkt die Archivarin an. Bliebe Kurfürst Karl Theodor ohne einen Erben, ginge das bayerisch-pfälzische Kurfürstentum an Max Joseph, den Herzog von Zweibrücken und letzten sukzessionsfähigen Nachkommen der Wittelsbacher. Mit diesem Wissen beschloss Max Joseph nach München zu fahren: „Er wollte wissen, wie Maria Leopoldine zu allem stand – und vor allem: Sind aus der Ehe Kinder zu erwarten?", erklärt Sylvia Krauss-Meyl, die das Buch *Das „Enfant Terrible" des Königshauses* über die temperamentvolle Habsburgerin verfasst hat. Max Joseph verstand sich auf Anhieb gut mit der jungen Kurfürstin – zu gut. „Vermutlich hat Maria Leopoldine ihm schon damals Zusicherungen gemacht, dass sie nicht im Weg stehen würde, sollte er die Nachfolge antreten." Und so kam es schließlich auch: Als der Kurfürst im Sterben lag, verlor Maria Leopoldine keine Zeit und setzte das Schreiben an Max Joseph auf. „Maria Leopoldine hatte großen Einfluss auf die Geschehnisse, aber nicht nur sie allein", schränkt die Archivarin ein. „Es gab eine starke Zweibrücker-Partei in München, die von Wilhelm, dem Cousin Max Josephs, angeführt wurde."

„Sie hatte viele Affären während ihrer vierjährigen Ehe, aber verstand es, kein Kind zu bekommen."

Nach der Ankunft Max Josephs beginnt ein neuer Lebensabschnitt für die junge Italienerin. Sie führt ein ausschweifendes Leben – und wird schwanger. In Laibach soll sie das Kind zur Welt bringen.

Dort verlieren sich allerdings dessen Spuren, der Vater war wahrscheinlich ein Münchner Hofmusiker. „Es gab über Maria Leopoldine sehr viele Gerüchte, auch darüber, was mit ihrem Kind passiert sei. Wahrscheinlich ist es bei der Geburt oder in den Wochen danach gestorben, wie so viele Kinder in jener Zeit", überlegt Sylvia Krauss-Meyl.

Zwei Jahre später, im Jahr 1801, kehrt Maria Leopoldine nach München zurück und beginnt einen neuen Lebensabschnitt unter besten Voraussetzungen: „Ihr Witwenvertrag war extrem komfortabel. Sie bekam eine üppige Apanage, einen Wohnsitz in der Münchner Herzog-Maxburg und als Sommersitz das Schloss Berg am Starnberger See", fährt die Historikerin fort. Doch verzichtet sie kurz darauf auf Berg und erwirbt einen kleinen Landsitz in Stepperg in der Nähe von Neuburg an der Donau. „Man kann indirekt aus Briefen und Äußerungen schließen, dass Maria Leopoldine von München wegwollte. Denn Max Joseph hatte inzwischen eine andere Gangart eingeschlagen und sie ständig überwachen lassen. Maria Leopoldine hat sich in dem höfischen Kreis nicht mehr wohlgefühlt."

In Stepperg scheint die verwitwete Kurfürstin zumindest für einige Jahre wahres Lebensglück gefunden zu haben. „Sie hat das Schloss ausbauen lassen und einen schönen Park mit Auffahrtsallee angelegt. Es entstand ein sehr romantischer, ländlicher Sitz mit einer großen Ökonomie", sagt Sylvia Krauss-Meyl. Die Italienerin packt auf dem Gut mit an, kauft eine benachbarte Brauerei und erwirbt alle erforderlichen praktischen sowie theoretischen Kenntnisse für die Bewirtschaftung von landwirtschaftlichen Gütern und Brauereien. Sie genießt die Idylle und Freiheit. Das Leben ist fast perfekt, wäre da nicht ihr Kinderwunsch. „Bei ihrer Suche nach einem geeigneten Mann ist sie auf Ludwig Graf von Arco gestoßen, der nicht nur aus sehr gutem Hause kam, sondern zudem ein intelligenter, engagierter und – denke ich – sehr angenehmer Mensch war. Eine gute Wahl für sie." Während ihrer Ehe mit ihm bringt sie zwei Söhne zur Welt: Aloys – genannt Louis – und Maximilian, der später die Linie Arco-Zinneberg begründen wird, die bis heute existiert. Ihr Ehemann kann sich allerdings nie richtig für das Leben auf dem Land erwärmen und verweilt bevorzugt in München.

Im Jahr 1814 kehrt Maria Leopoldine ebenfalls zurück in die Isarstadt, in ihre Wohnung in der Maxburg. „München war immer ihr Domizil, ihr Standort. Hier hat sie ihr großes, gesellschaftliches Leben geführt. Sie ging abends ins Theater oder in die Oper und traf sich zum Spielen mit ihren adeligen Bekannten, beispielsweise mit ihrem Schwager, Graf von Montgelas, mit dem sie sich sehr gut verstand, dem Erzbischof oder auswärtigen Gesandten. Sie übte auch einen starken politischen Einfluss in der Regierungsmetropole aus und stand später in ständigem Kontakt mit König Ludwig I. – dem Sohn Max Josephs.“ In seinen Tagebüchern hält der König fest, dass „mit ihr wie mit keiner ihres Geschlechts ich gerne Politik betreffende Gespräche hatte.“ Nicht nur für Ludwig, auch für dessen Sohn und späteren König Maximilian II. steht sie als beratende, kritische Stimme bereit. Ludwig wird zudem rückblickend beteuern, dass es Maria Leopoldine zu verdanken sei, dass die Wittelsbacher noch in Bayern herrschen würden.

Maria Leopoldine besitzt überdies ein weiteres, für ihre Zeit unübliches Talent: einen ausgeprägten Geschäftssinn. Sie galt als reichste Frau Bayerns. „Mit ihren profunden volkswirtschaftlichen Kenntnissen sanierte sie heruntergewirtschaftete Besitztümer bayerischer Adelsfamilien und betätigte sich als – modern ausgedrückt – Unternehmensberaterin. Für sich selbst und ihre Familie betrieb sie Immobiliengeschäfte im großen Stil. Während der 1830er-Jahre beschloss sie, ihre wirtschaftlichen Aktivitäten ganz auf Börsenspekulationen zu verlegen. Jeden Montag empfing sie Makler aus Wien, Mailand und Frankfurt bei sich und erteilte ihnen Kaufs- und Verkaufsaufträge. Ihre Briefe sind voll von Aktiengeschäften, die sie nicht nur für sich selbst, sondern auch für andere abwickelte. Ihr größter Erfolg gelang ihr im Jahr 1837, als sie an der Pariser Börse mit Eisenbahnaktien eine Million Gulden gewann. Das ging in ganz Europa durch die Presse.“ Nicht nur vollkommen ungewöhnlich für eine Frau in dieser Zeit, zudem noch für eine Frau von Stand! „Maria Leopoldine war eine moderne und emanzipierte Person. Sie ließ sich von nieman-

„Ihr größter Erfolg gelang ihr im Jahr 1837, als sie an der Pariser Börse mit Eisenbahnaktien eine Million Gulden gewann.“

dem Vorschriften machen, bildete ihre eigene Meinung und war finanziell sowie innerlich unabhängig", fährt die ehemalige Archivdirektorin fort und zitiert die Worte Maria Leopoldines: „Um seine Unabhängigkeit wirklich zu genießen, muss man sein Vermögen in seiner Mappe haben und als wahrer Cosmopolit an nichts hängen." Doch das Talent der verwitweten Kurfürstin hatte auch eine Schattenseite: „Sie hat andere Geschäftspartner, die aus Höflichkeit zurückhaltend waren, gnadenlos über den Tisch gezogen." Sie sei so rücksichtslos gewesen, dass einer ihrer Geschäftspartner sich infolge seiner Verluste das Leben genommen habe. Auch ihr Geiz soll legendär gewesen sein. Es heißt, sie sei gestorben, indem sie von ihrer Geldkassette erschlagen wurde. Zwar war dies nur ein Gerücht, aber ungewöhnlich war ihr Tod dennoch.

Maria Leopoldine kam im Frühjahr 1848 bei einem tragischen Verkehrsunfall auf dem Weg nach Salzburg ums Leben. Mit ihrer Kammerfrau war sie bei Wasserburg am Inn einen steilen Hohlweg auf den Achatzberg hinaufgefahren. Ein entgegenkommendes Fuhrwerk verlor die Kontrolle und stürzte auf ihren Wagen. Dabei geriet die verwitwete Kurfürstin unter das Fuhrwerk. Zwar war sie noch bei Bewusstsein und konnte aufstehen, doch nach wenigen Atemzügen brach sie zusammen und starb. Noch tragischer an der Sache war: „Maria Leopoldine hatte gehofft, nicht überraschend zu sterben. Sie wünschte sich vielmehr eine Krankheit, um sich auf den Tod vorbereiten zu können", erklärt die Historikerin und merkt an: „Ein ungewöhnliches Leben verdient einen ungewöhnlichen Tod." Und Maria Leopoldines Lebensgeschichte war alles – aber nicht gewöhnlich.

Annika Stahl

Erinnerungsorte:

Während ihrer Ehe mit Kurfürst Karl Theodor lebte Maria Leopoldine in der Münchner Residenz und in Schloss Nymphenburg.

Zwei Autogrammkarten der Künstlerin Bally Prell mit Wiedererkennungswert.

RUND WIE EIN BALL

Die etwas andere Schönheitskönigin

Des is mei Balli, des geb' i nimma her!", ruft Ferdinand Prell, als seine Mutter mit der kleinen Agnes Paula nach der Geburt aus dem Krankenhaus nach Hause kommt. Damit prägt der Zwölfjährige mit seinem spontanen Ausruf, als er das kugelrunde Baby sieht, einen Spitznamen für seine Schwester, der ihr ein Leben lang erhalten bleibt und der ihre äußere Erscheinung – rund wie ein Ball – auch immer zutreffend beschreiben wird.

„Doch neben ihrem Äußeren fällt Bally in der Leopoldstraße 77 schon bald mit ihrer Musikalität und ihrer ungewöhnlichen Stimme auf", erzählt Liana Reithofer, die sich mit den Münchner Originalen – insbesondere den Frauen in Schwabing – bestens auskennt.

Ihr Vater, der Schrammelgitarrenspieler und Volkssänger Ludwig Prell, erkennt ihr Talent und fördert sie von klein auf.

„Mit fünf Jahren trat die Kleine schon im Konzerthaus Odeon auf und verzauberte mit ihrer Stimme das Publikum", erzählt die Münchnerin. Dabei ist diese ungewöhnlich tief für ein Mädchen: ein weicher Tenor. Bally erhält eine klassische Gesangsausbildung, kann aber keine Rolle auf den Opernbühnen finden, denn weibliche Tenöre sind damals nicht vorgesehen.

1992 wurde der von Wolfgang Sand entworfene Brunnen vor Bally Prells Wohnhaus aufgestellt.

Aufgeben will Bally dennoch nicht und ihre Hartnäckigkeit soll sich auszahlen. Zu ihrem 31. Geburtstag schenkt der Vater ihr ein Lied, das Bally wie auf den recht üppigen Leib geschrieben ist: Die Schönheitskönigin von Schneizlreuth. Eine Parodie auf die Anfang der 1950er-Jahre wieder entdeckten und sehr beliebten Miss-Wahlen.

„Im rosa Rüschenkleid, weiß-blauer Schärpe und goldenen Krönchen stand Bally auf der Bühne", beschreibt die Münchnerin das Bühnenoutfit der Gesangshumoristin. Am 31. Oktober 1953 tritt sie im Münchner Platzl als „Schönheitskönigin" auf und das Publikum feiert sie von nun an als Volkssängerin. Schnell begeistert Bally auch über die Stadtgrenzen von München hinaus und wird in Anlehnung an Edith Piafs Spatz von Paris liebevoll-spöttisch als Glucke von Schwabing bezeichnet. Dem Platzl aber bleibt Bally ein Leben lang treu.

Nebenbei macht sie auch den bis dahin weitgehend unbekannten Ort Schneizlreuth im Berchtesgadener Land berühmt. „Und beim

Dorfjubiläum sang sie selbstverständlich auch", erzählt Liane Reithofer. Bei ihren Darbietungen als Volkssängerin gibt sie das Isar-Märchen und die St.-Anna-Vorstadt ihres Vaters oder Imitationen Leo Slzezaks zum Besten. Zu ihrem umfangreichen Repertoire gehören aber auch Schubert- und Mozartarien, französische Chansons sowie italienische Volkslieder. „Bei den Gedenkgottesdiensten für den bayerischen Märchenkönig Ludwig II. in der Isarstadt sang Bally ebenfalls", ergänzt die Geschichtskundige. „Dass sie selbst Eichendorff-Gedichte vertonte, Walzer und Sonaten komponierte, wussten jedoch die wenigsten."

Ihr Leben außerhalb des Rampenlichts hält Bally, die mittlerweile in ganz Deutschland auftritt, im Verborgenen. Mit ihren Kollegen hat sie kaum Kontakt, beansprucht eine eigene Garderobe für sich und lässt sich von einer privaten Chauffeurin nach dem Programm sofort heimfahren. Ihre Kollegin Ruth Megary beschreibt sie in einem Interview als sehr freundlich, aber auch als sehr distanziert. Sie sei schwer zuckerkrank und müsse sich immer spritzen.

1970 stirbt nach dem Vater auch die Mutter. Zu jener Zeit findet Bally in Hedwig Gösswein eine Freundin und Lebensgefährtin, die sie zukünftig zu allen Auftritten begleitet. Die beiden Frauen verbindet eine tiefe Vertrautheit.

Als Bally 1982 an den Folgen einer Kropfoperation stirbt, trauert ganz München um die humorvolle, rundliche Frau mit der außergewöhnlich tiefen Stimme.

Melanie Kunze

....

Erinnerungsorte:

Vor dem Wohnhaus in der Leopoldstraße 77, in dem Bally Prell ihr ganzes Leben verbracht hat, wurde 1992 der Bally-Prell-Brunnen mit einer Skulptur von Werner Braun eingeweiht.

Therese Wagner
✠ 1858

Verwitwete Bierbrauerin

Wollen S' nicht lieber verkaufen?

„Hör mir jetzt gut zu, mein Mann. Wenn wir das hier zu einem Erfolg machen wollen, braucht jeder von uns einen Bereich, den er klar verwaltet. In dem er schalten und walten kann, wie er allein es für richtig hält. Sonst gibt's nur Streit und Unzufriedenheit und alle Müh' ist umsonst", sagt Therese Wagner im Roman *Thereses Töchter* von Marta Haberland zu ihrem Mann Anton, der das Freisinger Hagenbräu von seinem Vater erhalten hatte – eine Brauerei samt Wirtschaft und Herberge. Um also die Herausforderung zu bewältigen, müsse jeder seinen eigenen Verwaltungsbereich haben, erklärt Therese im Roman. Während sie sich um die Gäste kümmern würde, sollte Anton sich der Brauerei widmen. Dass sie selbst einmal eine – viel größere – Brauerei leiten würde, als Frau inmitten einer für Jahrhunderte von Männern beherrschten Domäne, ahnt die frisch Angetraute zu diesem Zeitpunkt nicht.

„So ganz fiktiv ist der Roman allerdings nicht", merkt Catherine Demeter an, die in siebter Generation mit Therese Wagner verwandt ist und an dem Buch mitgewirkt hat. „Wir haben wahnsinnig viel in Archiven recherchiert, daher ist der Romaninhalt sehr nah an der Wahrheit. Natürlich sind die Dialoge nicht eins zu eins überliefert und für den Lesefluss manche Passagen angedichtet, aber im Kern entspricht die Geschichte den Tatsachen." Als Mehrheitsvertreterin des Augustiner-Bräus und Erste Vorständin der Edith-Haberland-Wagner-Stiftung reiht sich Catherine Demeter in die Geschichte der Familiendynastie ein, die am 15. Oktober 1792 mit der Geburt der Müllerstochter Therese Brunner beginnt.

Therese Wagner hat als geschickte Unternehmerin das Augustiner-Bräu zur Großbrauerei geführt.

„Therese wuchs in einer idyllischen Landschaft am Weihenstephaner Berg auf, wo ihre Eltern eine Getreidemühle betrieben haben", sagt die Wirtschaftsmanagerin. Obwohl die Familie einen sehr guten Ruf genießt, sorgt sich die Mutter um die Zukunft ihrer Tochter: Das Dasein als Müllerin sei hart und mit einer guten Partie könne Therese ein komfortableres Leben führen. Ihr Plan scheint aufzugehen, als ihre Tochter im Attachinger Wirtshaus in Freising auf einen jungen Mann aufmerksam wird. Es ist Anton, der Sohn des Inhabers und Lehrling beim Freisinger Hofbräuhaus – eine gute Partie also. Bereits im Jahr 1818 findet sich das frisch vermählte Ehepaar als Inhaber des Hagenbräus in Freising wieder. Und bald schon macht sich Thereses und Antons Ehrgeiz und Organisationstalent bezahlt: Das Paar kann acht Jahre später durch die erwirtschafteten Einnahmen ein größeres Gut in Birkeneck bei Hallbergmoos pachten. „Therese muss höchst intelligent gewesen sein – und auch psychologisch äußerst geschickt, denn sie ist auch mit dem Personal überaus gut umgegangen. Sie war sicher nicht nur eine ausgesprochen kluge, sondern auch sehr durchsetzungsstarke Frau", merkt ihre Nachfahrin an. Thereses und Antons ganz großer Erfolg sollte jedoch erst zehn Jahre später kommen.

Während Georg Gröber, Besitzer des Brau- und Wirtshauses der Augustiner, im Jahr 1827 einen Käufer sucht, träumen Therese und Anton davon, selbst im Besitz des Münchner Braubetriebs zu sein, der mit der Säkularisation im Jahr 1803 vom Kloster in die Neuhauser Straße verlegt worden war. Einziges Problem: Das angesparte Geld reicht ihnen nicht zum Kauf. Was an barem Geld fehlt, macht das Ehepaar Wagner allerdings mit zwei weiteren Jahren Sparsamkeit, harter Arbeit und einer großen Portion Charme wett, – denn das Besitzerpaar ist angetan von den engagierten und sympathischen Eheleuten. Für einen guten Preis übernehmen Therese und Anton Wagner im Jahr 1829 den Betrieb und führen die alte Brautradition der Mönche fort, die seit dem 18. Jahrhundert rund 250.000 Liter im Jahr gebraut hatten.

Wie auch beim Freisinger Hagenbräu bleibt im neuen Betrieb alles beim Alten: Anton übernimmt die Geschäfte der Brauerei, Therese kümmert sich um die Gäste. Während sich die ersten wirtschaftlichen Erfolge einstellen, vervollständigt sich ihr privates Glück mit der

Geburt ihrer Kinder: Von insgesamt elf Kindern überleben allerdings nur fünf. Ein weiterer schwerer Schicksalsschlag trifft Therese, als ihr Mann Anton im Jahr 1844 an Lungensucht stirbt. Mit seinem Tod verliert sie nicht nur ihren liebenden Ehemann und den Vater ihrer Kinder, sondern auch ihren Braumeister. Wie sollte es weitergehen? Würde sie erneut heiraten, ginge der Betrieb an den neuen Gatten. In keinem Fall würde sie allerdings die Brauerei aus dem Besitz der Familie geben! Daher kam ein Verkauf ebenso wenig infrage wie die Entscheidung, ihren ältesten Sohn Joseph als Nachfolger zu bestimmen – dieser sollte schließlich erst ausreichend Erfahrungen in der Brauerei sammeln und eine starke Frau an seiner Seite wissen, so wie Anton einst. „Therese ist im entscheidenden Moment konsequent geblieben und hat die richtigen Schachzüge gemacht", merkt Catherine Demeter an.

Catherine Demeter fühlt sich mehr als nur verwandtschaftlich mit Therese Wagner verbunden.

Der Gegenwind, den Therese erfährt, als sie sich für die Übernahme der Brauerei entscheidet, hätte kaum größer sein können. Diesbezüglich verbindet die Wirtschaftsmanagerin viel mehr mit ihrer Vorfahrin als ein verwandtschaftliches Band: „Am Anfang meiner Zeit in München war ich erstaunt über den Gegenwind von ein paar Herren, die vermutlich selbst diese Position haben wollten. Es war schon gewaltig, was mir an kalter Brise entgegengeblasen ist. Da habe ich mir gedacht: Nein, ich lasse mich nicht einschüchtern. Therese hat sich vor 175 Jahren nicht unterkriegen lassen, hat sich unglaublich souverän durchgesetzt und sich nicht beirren lassen. Da wäre es doch lächerlich, wenn ich in der heutigen Zeit klein beigebe." Auch Therese trotzt allen Widrigkeiten – und es sind viele Steine, die ihr in den Weg gelegt werden. Als die Witwe an Antons Stelle am Münchner Brauertreff teilnimmt, wird sie bewusst ausgegrenzt. Nach einem Jahr kontinuierlicher Einbringungsversuche Thereses und konstanter Stigmatisierung seitens der Brauer wagt sie eine andere Herangehensweise: Sie lädt die fünf Großbrauer der Stadt für ein Treffen auf Augenhöhe in das Wirtshaus in der Neuhauser Gasse ein. Schließlich müsse es möglich sein, vernünftig miteinander zu reden. Und tatsächlich treffen die Gäste ein – allerdings hatten die Männer ihre Frauen geschickt. Statt endgültig zu kapitulieren, verwandelt die selbstbewusste Brauerin die Situation in einen Vorteil: Sie heißt die Damen willkommen, versorgt sie mit gutem Bier und Essen und spricht offen mit ihnen. Sie führt ihnen vor Augen, dass sie sich eines Tages in derselben Situation wiederfinden könnten und ob sie nicht auch mehr Rechte und Möglichkeiten forderten? Es bleibt ungewiss, was die Frauen mit ihren Ehemännern am Ende dieses Abends hinter verschlossenen Türen besprochen haben, doch feststeht, dass die Dinge für Therese bei den nächsten Brauertreffen anders aussehen sollten. „Therese hat gar nicht überlegt, ob sie für die Rechte der Frau kämpfte oder eine Vorreiterin war. Nein, ihr Mann war gestorben und sie wollten den Betrieb für ihre Kinder weiterführen", bewundert Catherine Demeter Thereses Vehemenz. „Sie hat einfach die Ärmel hochgekrempelt und gearbeitet – und hat sich durchgesetzt."

„Therese hat sich vor 175 Jahren nicht unterkriegen lassen, hat sich unglaublich souverän durchgesetzt und sich nicht beirren lassen."

Therese blüht nun als Brauerin vollkommen auf. Doch das Leben hält weiterhin Höhen und Tiefen bereit: Von den wirtschaftlichen Schwierigkeiten während der Tumulte um die Geliebte des Königs, Lola Montez, über schwere Schicksalsschläge wie der Verlust ihres 24-jährigen Sohnes Franz, bis zu Momenten des Glücks, als sie sich erneut in einen Mann, ihren Braumeister Balthasar Fescher, verliebt.

Die Ehe muss ihr jedoch verwehrt bleiben, andernfalls ginge die Brauerei in dessen Besitz über. Denn laut Gesetz darf Therese den Betrieb nur weiterführen, solange sie alleinstehend bleibt – und es einen männlichen Erben gibt.

Bevor die Brauerei allerdings an ihren ältesten Sohn Joseph gehen sollte, gelingt es der Brauerin mit Weitsicht und klugen Investitionen den Grundstein für den Ausbau zum Großbetrieb zu legen: „Therese hat moderne Techniken wie die Dampfmaschine und präzise Messgeräte eingeführt. Sie muss extrem aufgeschlossen gewesen sein, nur so war es ihr möglich, die Brauerei zur Großbrauerei zu führen", merkt die Stiftungsvorsitzende an. Zu Thereses Zeiten wird das Augustiner Bier auch erstmals auf dem Oktoberfest ausgeschenkt, in einer Zeit, in der statt der riesigen Zelte noch kleine Holzhütten auf der Theresienwiese standen. „Im Jahr 1857 ist sie in die Landsberger Straße vor die Tore der Stadt gegangen, wo sich heute noch die gesamte Produktionsanlage befindet", ergänzt Catherine Demeter. In dieser Zeit vermählt sich Thereses Sohn Joseph mit Bertha Otto, einer tatkräftigen Frau aus gutem Hause.

Seit 1817 befand sich das Augustiner-Bräu in der Neuhauser Straße, nachdem das Klosterareal baufällig geworden war.

Als jedoch 1858, ein Jahr nach der Hochzeit, Thereses Sohn Anton bei einem Unfall sein Leben lässt, kann sie den Verlust nicht überwinden. Sie wird zum Schatten ihrer selbst. Wenige Wochen später erleidet Therese einen Schlaganfall, dicht gefolgt von einem weiteren, der sie das Leben kostet. Ihre Erben Joseph und Bertha sollten nun – 14 Jahre nach dem Tod ihres Großvaters Anton – über das Schicksal der Brauerei bestimmen. „Die Tochter von Bertha,

Sophie von Trentini, war die Großmutter meiner Großmutter", erklärt Catherine Demeter ihre verwandtschaftliche Beziehung mit Therese Wagner. Eine Nichte von Sophie von Trentini wiederum war Edith Haberland-Wagner, aus deren Nachlass die gleichnamige Stiftung entstand.

„Edith Haberland Wagner war 83 Jahre alt und kinderlos, als sie die Hälfte der Brauerei von ihrem Cousin geerbt hatte. Mit Gründung der Stiftung wollte sie nicht nur den Betrieb als Privatbrauerei erhalten, sondern mit den Einkünften Gutes bewirken." Heute unterstützt die Stiftung eine breite Palette von Kunst und Kultur, Wissenschaft und Forschung bis hin zu Kinder- und Jugendförderung sowie den Umweltschutz. Für ihr soziales und kulturelles Engagement hat Catherine Demeter im Jahr 2021 den Bayerischen Verdienstorden des Freistaates Bayern erhalten. Und das Augustiner-Bräu ist eine Privatbrauerei geblieben – ganz im Sinne Thereses. Da sich die Hälfte der Brauerei heute noch im Besitz der Stiftung befindet, fließt außerdem der Gewinn des Augustiner-Bräus in eben diese. Heißt also: „Der erste Schluck Augustiner Bier ist eine Wohltat und jeder zweite eine Wohltätigkeit", wie Catherines Demeters Vorgänger zu sagen pflegte. In diesem Sinne: Ein Prosit auf Therese Wagner!

Annika Stahl

Erinnerungsorte:

Die ehemaligen Wohnräume der Brauerfamilie Wagner, in der auch Therese und Anton gelebt haben, sind heute als „Wagner Salons" Teil des Restaurants „Augustiner Stammhaus" in der Neuhauser Straße 27 und somit der Öffentlichkeit zugänglich.

Die Abbildung der bayerischen Landtagsabgeordenten Ellen Ammann wurde 1933 in der Märzausgabe des Sendboten des Göttlichen Herzens Jesu veröffentlicht.

Politikerin und Stifterin

Soziale Ader durch und durch

Eine Frau, der München viel zu verdanken hat, und die dennoch in Vergessenheit geriet: Ellen Ammann. Die Schriftstellerin und Bloggerin Adelheid Schmidt-Thomé hat es sich zur Aufgabe gemacht, genau jene vergessenen Frauen wieder in den öffentlichen Fokus zu stellen. Deshalb erzählt sie nur zu gern Ellens Geschichte:

„Ihre Kindheit ist glücklich und sie wächst in einem modern geprägten Elternhaus in Schweden auf", erläutert die

Autorin. Die Eltern setzen bei den beiden Mädchen, Ellen und ihrer zweieinhalb Jahre jüngeren Schwester Harriet, auf gute Bildung, der Vater – selbst Naturwissenschaftler und Leiter des Ressorts Außenpolitik beim *Stockholms Dagblad* – bringt ihnen Politik und die Naturwissenschaften nahe. Die Mutter, Journalistin und Mitglied im Frederika-Bremer-Bund, arbeitet in der Redaktion der Zeitung mit. Obwohl Schweden protestantisch ist, konvertiert Ellens Mutter zum Katholizismus. Auch ihre Töchter erzieht sie in diesem Glauben. Damit kann Ellen die private Mädchenschule, die katholische École Française (Franska skolan) in Stockholm besuchen. „Diese wurde vor allem für Diplomatenkinder eingerichtet und von einer französischen Kongregation – den Josefsschwestern – geführt", erläutert die Historikerin die besondere Schulform. Die lernfreudige Ellen legt im Mai 1888 die Abiturprüfungen ab und eine Mitschülerin beschreibt sie als „kleines, dunkles Mädchen mit hängendem Zopf und schüchternen, melancholischen Augen, welche zuweilen aufleuchten konnten, wenn ein unbeschreiblich schönes Lächeln wie ein Kräuseln über ein sonst spiegelblankes, ruhiges Äußeres fuhr".

Nach dem Abitur möchte Ellen Lehrerin werden, doch ihr Vater stellt sich gegen ihre Pläne. Um den häuslichen Frieden nicht zu gefährden, schlägt ihre Mutter eine Reise ins Rheinland vor. Während ihre Mutter im Anschluss zurückreist, bleibt Ellen für ein Jahr als Haustochter bei der Familie des Freiherrn Heereman von Zuydtwyck auf Schloss Surenburg. Durch die Distanz entspannt sich auch die Situation zu Hause und Ellen geht auf die Wünsche ihres Vaters ein. Im Mai 1889 meldet sie sich am Zentralinstitut für Heilgymnastik in Stockholm an. Als ihr Vater sie im August abholen möchte, um sie zurück nach Stockholm zu begleiten, erkrankt er schwer, so dass Ellen allein die Heimfahrt antreten muss. Einen Monat später beginnt sie mit der Ausbildung, während es ihrem Vater immer schlechter geht. Als er schließlich im Oktober seiner Krankheit erliegt, benötigt die Familie zusätzliche Einnahmen und vermietet einige Zimmer der geräumigen Wohnung unter. Wiederum einen Monat später zieht der Münchner Orthopäde Dr. Ottmar Amman bei ihnen ein und damit ändert sich für Ellen alles, denn der 29-jährige Mediziner hat ein Auge auf die junge Schwedin geworfen. Zurück in München plagt ihn die Sehnsucht. Auch Ellen vermisst den Hausgast, den sie einer Freundin wie folgt beschreibt: „Unser deutscher Doktor, [...] ein netter, ruhiger, guter und frommer Mann [...] unterhielt uns gut und machte es uns angenehm. Im Februar fasst sich der Orthopäde ein Herz und bittet um die Hand der Neunzehnjährigen. Doch das erhoffte „Ja" kommt nicht. „Ellen antwortete ihm, sie sei zu jung, man kenne sich nicht gut genug, sie brauche auf jeden Fall bis zum Sommer Bedenkzeit", schildert Adelheid Schmidt-Thomé. So lange will sich Ottmar nicht gedulden und reist in der Karwoche nach Schweden, um die Angebetete umzustimmen. Diese reagiert jedoch schroff und erst am Tag seiner Abreise, als er bereits mit gepackten Koffern vor ihr steht, erlöst sie ihn. Bereits am Karfreitag verloben sich beide.

Diese Fotografie von Ellen Ammann stammt aus dem Jahr 1920.

„Bei der Hochzeit am 4. Oktober 1890 gibt Ellen Sundström die schwedische Staatsbürgerschaft auf, wird Bayerin und auch offiziell ein Mitglied der katholischen Kirche", erklärt die Autorin.

Ammann führt zunächst eine orthopädische Praxis und bald auch eine Klinik, die Heilanstalt für Orthopädie. Viele Patienten drängen zu ihm und so erfolgt ein weiterer Ausbau. Wenig später auch ein Umzug in die Theresienstraße 25, wo er Vorderhaus und Rückgebäude mit jeweils drei Stockwerken gekauft hatte. „Ellen übernimmt Hauswirtschaft und Verwaltung der Praxis und Kliniken", beschreibt Adelheid Schmidt-Thomé die Aufgaben der Neumünchnerin. „Patienten und Personal, 30 bis 40 Personen, sind zu betreuen."

Nach einer Fehlgeburt kommt im März 1892 das erste Kind – Albert – zur Welt. Zwei Jahre später wird das Paar mit weiterem Nachwuchs gesegnet. Bis 1903 bringt Ellen sechs gesunde Kinder zur Welt.

Doch zurück ins Jahr 1895, Ellen ist mittlerweile fünf Jahre in

München und so langsam hat sie sich eingelebt. In der Praxis ihres Mannes kommt sie auch mit den nicht so gut gestellten Menschen der Residenzstadt in Kontakt, den Arbeiterinnen und Arbeitern.

Deshalb freut sich Ellen, als die Baronin Marie von Hohenhausen, Schriftführerin des kürzlich gegründeten Marianischen Mädchenschutzvereins, sie bittet, dort ebenfalls mitzuwirken. Ellen wird Beisitzerin im Vorstand des Vereins, der es sich zum Ziel gesetzt hat, junge Frauen davor zu bewahren, in die Prostitution abzurutschen. Da am Münchner Hauptbahnhof viele Reisende durchkommen, hält es Ellen für notwendig, die in die Residenzstadt kommenden jungen Frauen bereits am Bahnhof in Empfang zu nehmen, damit diese nicht auf Scharlatane hereinfallen. Daher sorgt Ellen ab April 1897 für einen Empfangsdienst, die Katholische Bahnhofsmission am Münchner Centralbahnhof. „Es war die erste katholische Einrichtung dieser Art in Deutschland“, unterstreicht die Historikerin die Bedeutung des Unterfangens. „Die Helferinnen nehmen die Ankommenden direkt an den Zügen in ihre Obhut und unterstützen sie bei der Suche nach einer Unterkunft, bei der Stellenvermittlung sowie bei anderen Problemen.“ Wie sich die Arbeit auswirkt, kann Ellen im Juni 1910 selbst als Delegierte beim 1. Europäischen Kongress der Bahnhofsmissionen in Bern mit Stolz verkünden: „Tatsächlich ist es in vielen Fällen den Bahnhofsmissionen gelungen, Mädchenhändler zu entlarven und ganze Transporte von Mädchen aus solchen Händen zu retten.“

Auf dem Alten Südlichen Friedhof von München wurde Ellen Ammann begraben.

Parallel zu ihrer Tätigkeit in der Bahnhofsmission gründet Ellen Ammann auch den Münchner Zweigverein des Katholischen Frauenbunds und wenige Jahre später den Landesverband. Um die Bildung der Frauen zu verbessern und sie auf eine Arbeit im karitativen Umfeld vorzubereiten, gründet Ellen Ammann eine Frauenschule. Dort sollen die Frauen eine systematische Ausbildung erhalten, die sie dazu befähigt, in der behördlichen Armenpflege zu arbeiten, was seit 1909 in Bayern erlaubt ist.

Mit dem Beginn des Ersten Weltkriegs verändern sich die Aufgaben der Bahnhofsmission. Die Sozialpionierinnen kümmern sich jetzt auch um Männer, Soldaten und Verwundete, Arbeiter und Flüchtlinge. Zudem wird das Lehrangebot an den Schulen auf den Kriegsbedarf umgestellt. Ottmar Ammann unterrichtet nun beispielsweise die „Verwundetenpflege zu Hause".

In den Nachkriegsjahren geraten die Ammanns in finanzielle Nöte, immer wieder verursachen Krankheiten hohe Kosten und sowohl Ellen als auch ihr Mann haben vermehrt mit gesundheitlichen Problemen zu kämpfen. Da den Frauen nun der Weg in die Politik offensteht, bewirbt sich Ellen erfolgreich um ein Abgeordnetenmandat im Landtag. Ungeachtet dessen hält sie an ihren Ehrenämtern fest. Als es im Februar 1923 bei einer Friedensveranstaltung zu Ausschreitungen durch SA-Leute kommt, beschweren sich Vertreterinnen der Frauenvereine bei Innenminister Franz Xaver Schweyer und fordern die Durchsetzung der Reichsgesetze. Die Frauen, darunter eben auch Ellen Ammann, bearbeiten den Minister eineinhalb Stunden lang und stellen klar, dass sie die Ausweisung Hitlers aus Bayern fordern, da der Österreicher ein Ausländer sei und nicht die deutsche Staatsangehörigkeit besäße.

Doch die Initiative Schweyers – der Hitlers Putschversuch im November 1923 bereits vorab erahnte – wurde durch den Einspruch des damaligen Fraktionsvorsitzenden der SPD im bayerischen Landtag Erhard Auer im Keim erstickt. „Dass der Putschversuch scheiterte, ist unter anderem Ellen Ammann zu verdanken", sagt die Autorin und erläutert, dass die Abgeordneten Amelie von Godin und Klara Barth ein verdächtiges Gespräch gehört und zeitnah Ellen informiert haben. Die lässt daraufhin alle Minister und Parteiführer, die nicht im Bürgerkeller festgehalten werden, in die Frauenschule rufen. Dort greift der stellvertretende Ministerpräsident zum Telefonhörer, verfasst eine

Deklaration und organisiert die Flucht des Plenums nach Regensburg. Bereits am nächsten Morgen wird der Putschversuch niedergeschlagen.

Ungeachtet dessen verlieren die bürgerlichen Parteien bei der nächsten Landtagswahl massiv. Ellen Ammann schreibt 1924 dazu im Aprilheft des *Bayerischen Frauenlands* und prangert massiv die Politik, den Hass und Vereinheitlichungsbestrebungen des Völkischen Blocks an: „Der Ausgang der bayerischen Landtagswahl sollte den Frauen zu denken geben. [...] Die arme Großstadtbevölkerung [...] läuft jedem neuen Propheten nach, von dem sie sich eine Besserung verspricht."

Das arbeitsreiche Leben der Ellen Ammann endet am Abend ihrer letzten Landtagsrede am 23. November 1932. „Da die Nationalsozialisten ihr nach der Machtergreifung nichts mehr anhaben konnten, bestraften sie sie nur noch indirekt, da sie die Biografie, die Godin 1933 über Ellen Ammann verfasst hatte, aus dem Verkehr zogen", bilanziert Adelheid Schmidt-Thomé. „Damit sollte Ellen Ammann in Vergessenheit geraten." Doch die vielen Einrichtungen, die noch heute in München präsent sind, zeugen von dem Schaffensdrang und der Hingabe an die karitativen Aufgaben der gebürtigen Schwedin.

Melanie Kunze

Erinnerungsorte:

Ihre Grabstätte befindet sich auf dem Alten Südlichen Friedhof in München (Grabfeld 32-Reihe 1- Platz 12/13).

Ansichtskarte einer Frauentracht aus der Bronzezeit vor circa 3500 Jahren.

DIE „ÄLTESTE MÜNCHNERIN“

Ein Leben vor 3.200 Jahren

Noch etwa vier Jahrhunderte wird es dauern, bis sich die Menschen im süddeutschen Raum Eisen als neuen Werkstoff zunutze machen, mehr als zweitausend Jahre müssen vergehen, bis sich Karl der Große zum König des Fränkischen Reichs erhebt und dreitausend Jahre verstreichen, bis die erste Dampflokomotive den Transport von Waren und Menschen revolutioniert. Für zwei weitere Jahrhunderte wird die Tote im Erdreich verweilen, – bis ihre Überreste an einem Tag im Frühjahr 2014, nach mehr als 3.200 Jahren bei Bauarbeiten im Apothekenhof der Münchner Residenz entdeckt werden. Dort stoßen die Arbeiter zwischen zwei Leitungsgräben auf eine ovale Grube von beinahe drei Metern Länge – und verständigen sofort das Landesamt für Denkmalpflege.

„In der Grube fand das archäologische Team zwar kein Skelett, dafür ein nahezu ungestörtes Brandstreuungsgrab", erläutert Anthropologin Dr. Andrea Grigat und erklärt, was es damit auf sich hat: „Es haben sich Reste von Holzkohle sowie Leichenbrand erhalten, also kleine Fragmente von Knochen und Asche. Außerdem fanden sich in der Grube zwei größere und zwei kleine Tongefäße sowie bronzene Schmuckstücke." Die Beigaben – ein Bronzepfriem, ein Griffplattenmesser des Typs „Riegsee" sowie zwei „Vasenkopfnadeln" – und der Bestattungsritus verweisen auf eine Datierung in die „Bronzezeit D". Somit starb die Frau zwischen den Jahren 1350 und 1200 vor Christus und gilt somit als „älteste Münchnerin", die im Stadtraum ausgegraben worden ist.

„Der Bestattungsritus steht am Übergang zu einer neuen Form der Grablegung. Zwar besitzt die Grube noch die Größe und Form eines normalen Erdgrabes, aber anstatt den Leichnam dort abzulegen, wurde dieser verbrannt und die Überreste im Grab verstreut", konstatiert die „Collection Managerin" der Staatssammlung für Anthropologie München. So sei der Ritus noch in Anlehnung an die zuvor praktizierte Körperbestattung durchgeführt worden, deute aber schon die weitere Entwicklung an: Die Toten zu verbrennen und den Leichenbrand in Urnen zu verfüllen. Nach diesen vergrabenen Gefäßen ist auch die „Urnenfelderkultur" benannt, die sich zu jener Zeit in Mitteleuropa verbreitete.

Werden bei Ausgrabungen menschliche Knochen gefunden, steht Dr. Andrea Grigat mit ihrem anthropologischen Fachwissen zur Seite.

Es ist eine archäologische Sensation, dass die Überreste der Frau durch Zufall bei Bauarbeiten gefunden wurden. „Der Apothekenhof erfuhr im Lauf der Zeit eine mehrmalige Überbauung und war zudem von der Zerstörung während des Zweiten Weltkriegs betroffen, weswegen es wirklich eine Besonderheit war, dass hier – mitten in der dicht bebauten Stadt – ein unberührtes spätbronzezeitliches Grab entdeckt worden ist“, erklärt Andrea Grigat. Einmalig sei es auch deswegen, weil in der Schotterebene um München herum die Funde generell sehr schlecht erhalten seien, besonders nach einer so langen Zeitspanne. Auch wenn der Zustand oft schlecht sei, gefunden werde einiges: „Bayernweit werden sehr viele Grabungen durchgeführt, denn jedes Mal, wenn man bei Erdarbeiten auf ein Bau- oder Bodendenkmal stößt, werden die Archäologinnen und Archäologen vom Landesdenkmalamt verständigt. Und immer, wenn sich archäologische menschliche Knochen finden, welche zu den beweglichen Bodendenkmälern zählen, kommt die Anthropologie ins Spiel“, erläutert Andrea Grigat ihre Funktion, die neben der Organisation, Inventarisierung und Digitalisierung der Sammlung auch Skelettfunde anthropologisch untersucht.

„In der Staatssammlung landen schließlich alle menschlichen Überreste aus archäologischen Ausgrabungen – darunter auch die Dame aus dem Apothekenhof.“ Wie aber kann die Rede von einer Frau sein, wenn außer Asche und Knochenfragmenten nichts erhalten ist?

Unter dem Apothekenhof wurde das Grab bei Bauarbeiten entdeckt.

„Tatsächlich gingen die Fachkundigen zunächst von einem männlichen Individuum aus, weil der Bronzepfriem als Fund eher auf einen bestatteten Mann schließen lässt“, erklärt die Anthropologin. „Doch während der Grabung wurden immer mehr Gegenstände zutage gefördert, die schlussendlich auf die Beigaben einer weiblichen Person hingedeutet haben.“ Mit der Analyse des Leichenbrands selbst sei es etwas schwieriger, merkt die Wissenschaftlerin an. „Es handelt sich hierbei ja nicht um ein Skelett, das einfach zu untersuchen ist, sondern um verbrannte menschliche Knochen. Es sind extrem kleine Fragmente, die über ein Grab verstreut worden sind.“ Die Knochenreste, deren Überreste zwischen Pollengröße bis maximal fünf Zentimeter betragen, würden dennoch Hinweise zum Geschlecht liefern: „Die anthropologische Untersuchung hat die Tendenz zu einem weiblichen Individuum bestätigt. In diesem Fall war es hauptsächlich die Grazilität der Knochen wie die recht dünnen Schädelfragmente. Auch rekonstruierte Teile des Femurs – des Oberschenkelknochens – haben den Verdacht verstärkt." Abschließende Beurteilung: Bei dem Leichenbrand handelt es sich vermutlich um eine weibliche Person, die im Alter von 40 bis 60 Jahren verstorben ist.

Das Knochenmaterial erlaubt jedoch viel mehr als nur die Bestimmung des Geschlechts. Anhand dessen ließe sich auch bestimmen, ob es sich bei der Frau um eine „echte Münchnerin" oder eine „Zuagroaste" handelt: „Mit einer Strontiumisotopenanalyse aus dem Knochen könnte eingegrenzt werden, wo der Mensch seine letzten Lebensjahre verbracht hat." Denn das chemische Element wird – je nach geografischer Lage – mit unterschiedlichen Isotopenverhältnissen vom menschlichen Körper über die Nahrung aufgenommen und anschließend im Knochenmaterial eingelagert. Mit den Ergebnissen, die für die bronzezeitliche Frau noch nicht abschließend ausgewertet und veröffentlicht sind, könnten so aufgestellte Hypothesen bestätigt oder verworfen werden.

Egal, ob zugereist oder nicht – die Frau im Apothekenhof bleibt die älteste Bestattung, die bis dato in der Kernstadt Münchens entdeckt worden ist. Die wenigen Überreste gehören also zu einer Frau, die vor mehr als drei Jahrtausenden gelebt hat, ohne die heutige Technologien und das gesammelte Wissen von über 120 Generationen. Was die spätbronzezeitliche Frau wohl zu der Welt von heute sagen würde?

Annika Stahl

Erinnerungsort:

Die Überreste der spätbronzezeitlichen Bestattung wurden im Apothekenhof gefunden.

Das Gemälde malte Joseph Karl Stieler im Jahr 1828 anlässlich der Verlobung von Prinzessin Ludovika von Bayern mit Herzog Max in Bayern.

Im Schatten der Schwester

Unglückliche Ehefrau - glückliche Mutter

Eigentlich soll die Hochzeit der schönste Tag im Leben sein, doch die 20-jährige Ludovika empfindet ganz anders: Sie ist enttäuscht über den ihr zugedachten Gatten, Herzog Max in Bayern. Und während der Hochzeitsfeierlichkeiten stößt sie sogar einen Fluch aus, denn beim Wurf des Brautstraußes soll sie laut ihrer Enkelin Gräfin Marie Louise von Larisch gesagt haben: „Dieser Ehe und allem, was daraus hervorgeht, soll der Segen Gottes fehlen bis ans Ende."

Das Verhältnis zwischen der bayerischen Prinzessin Ludovika und Herzog Max, dem Spross einer Wittelsbacher Nebenlinie, ist zunächst von Freundschaft geprägt. Ludovika, von der Familie zärtlich Louise genannt, muss sich schon früh dem bayerischen Hofzeremoniell unterwerfen und bereits als Vierjährige am Hofleben teilnehmen, ins Theater gehen sowie die Pflichten des höfischen Lebens lernen. Während sie, von Hauslehrern unterrichtet, neben Deutsch auch die Hofsprache Französisch sowie Literatur, Geschichte und Geografie lernt, darf ihr späterer Gatte und Vater der zukünftigen Kaiserin von Österreich als Neunjähriger in das Königliche Erziehungsinstitut eintreten. Dort kommt er in Kontakt mit Gleichaltrigen und lernt, sich in ein soziales Gefüge einzugliedern. Der Direktor des Erziehungsinstituts Benedikt von Holland setzt auf strikte Prinzipien: „Einfachheit der Lebensweise, körperliche Kräftigung, pünktliche Ordnung und strenger Gehorsam". Dieser Erziehungsstil bringt einen jungen Mann mit sozialer Gesinnung hervor, der Menschen unabhängig, wie er selbst sagt, vom „Schnitt ihres Rocks" bewertet.

Früh steht für Herzog Maximilian fest, dass er einmal eine bayerische Prinzessin heiraten soll, zumindest planen dies sein Großvater Wilhelm Herzog in Bayern und der bayrische König Maximilian I. Zunächst ist für den siebenjährigen Jungen aus zerrütteten Familienverhältnissen Ludovikas zwei Jahre jüngere Schwester Maximiliane Josepha, von allen liebevoll „Ni" genannt, vorgesehen. Gerade einmal zwei Jahre später verstirbt Maximilians Mutter und so gelangt er in die Obhut der bayerischen Königsfamilie. Ludovika und Maximilian werden beste Freunde und schreiben sich immer wieder Briefe, sobald sie die Zeit nicht miteinander verbringen: „Ich möchte, Du wärest auch hier und könntest mit uns spielen. Adieu lieber Max, es freut sich herzlich Dich wiederzusehen Deine Cousine Louise."

Am 4. Februar 1821 erschüttert das Bayerische Königshaus eine wahre Tragödie: Die von allen geliebte Ni, die sich nie bester Gesundheit erfreut hatte, stirbt an Typhus, dem sogenannten Schleimfieber. Insbesondere Sophie, Ludovikas ältere Schwester, leidet unter dem Verlust des jüngsten Geschwisterkindes sehr. Die Heiratsoptionen sind für Maximilian zunächst verloren, darüber dürfte er sich aber mit seinen elf Jahren wohl kaum Gedanken gemacht haben. Fraglich ist jedoch, was dies für seine Zukunft bedeutet. Ungeachtet dessen verstärkt sich die Freundschaft zwischen Maximilian und seiner Zukünftigen weiter. Die beiden bleiben in regem Briefkontakt, während sie ihrer Wege gehen. 1825 reist Ludovika nach Wien zu ihrer Schwester Sophie, die zwischenzeitlich durch Heirat mit dem zweiten Sohn von Kaiser Franz II. nach Österreich übergesiedelt war. Dort lernt sie den feschen portugiesischen Prinzen – mit dem unaussprechlich langen Namen Miguel Maria do Patrocínio João Carlos Francisco de Assis Xavier de Paula Pedro de Alcântara António Rafael Gabriel Joaquim José Gonzaga Evaristo de Bragança e Bourbon, kurz Don Miguel oder schlicht Prinz Michael – kennen und verliebt sich vom Fleck weg unsterblich in ihn. Auch dem Portugiesen erging es nicht anders, sein Herz entflammt für die schöne bayerische Prinzessin, deshalb fackelt er nicht lange und hält bei ihrem Vater um die Hand der 15-Jährigen an. Dieser lehnt das Ansinnen des jungen Prinzen jedoch zum Leidwesen seiner Tochter ab, die daraufhin am Boden zerstört ist und ihrem Vater bitterlichste Vorwürfe macht. Doch dieser zeigt sich unerbittlich, schließlich ist Maximilian eine bayerische Prinzessin versprochen und diese soll Ludovika sein. Auch Maximilian fällt aus allen Wolken, der zwar ahnt, dass seine Liebe zu einer Bürgerlichen, der Tochter eines Regimentskommandeurs aus Bamberg, wohl keinen Segen erhalten wird, doch dass man ihm jetzt ausgerechnet die Hand von Ludovika aufnötigt, findet auch bei ihm keinen Gefallen.

Im Jahr 1828 porträtierte Joseph Karl Stieler die spätere Herzogin in Bayern erneut.

Bevor jedoch Nägel mit Köpfen gemacht werden, verstirbt Ludovikas Vater im Oktober 1825 und in der jungen Frau keimt erneut Hoffnung auf, dass vielleicht ihr Halbbruder Ludwig I., der dem Vater auf den Thron folgt, nachsichtiger sein wird. Doch auch er lehnt den zweiten Heiratsantrag von dem portugiesischen Prinzen ab. Ludovika ist untröstlich und weint sich allabendlich in den Schlaf.

Nach dem obligatorischen Trauerjahr werden Ludovika und Maximilian verlobt und während er versucht, das Beste daraus zu machen, ist Ludovika nur noch verzweifelt. Auch der Briefkontakt, der vor ihrer Verlobung noch sehr zugewandt war, verändert sich merklich. Deutlich unterkühlt schreibt Ludovika an ihren zukünftigen Mann: „Gewiß werde ich, wie ich es Dir versprochen habe, alles aufsuchen meine Briefe zu verlängern, wenn es aber dennoch nicht gelingt, so nehme es mir nicht übel. […] Denke zuweilen an Dich, herzlich liebend Louise."

„Gewiß werde ich, wie ich es Dir versprochen habe, alles aufsuchen meine Briefe zu verlängern, wenn es aber dennoch nicht gelingt, so nehme es mir nicht übel."

Am 9. September 1828 geben sich die beiden in Tegernsee in der Stiftskirche St. Quirinus das Ja-Wort und feiern anschließend ein rauschendes Fest mit dem versammelten bayerischen und deutschen Hochadel. Doch dann überstürzen sich die Ereignisse: Don Miguel ist mittlerweile König von Portugal und entsendet einen Boten zu Ludovikas verwitweter Mutter, der fünf Tage nach der Hochzeit eintrifft. Erneut fleht Don Miguel um die Hand seiner innigst geliebten Ludovika. Doch der Hof lässt ihn lediglich wissen, dass Ludovika mittlerweile mit Maximilian verheiratet ist. Die Mutter verschweigt ihrer Tochter die erneute Heiratsofferte des Portugiesen. Sie befürchtet, dass der Liebeskummer erneut ausbrechen und sich Ludovikas seelischer Zustand wieder verschlechtern würde.

Nur kurze Zeit später gestand Maximilian Ludovika „er habe sie nicht aus Liebe geheiratet, sondern weil er sich vor seinem Großvater gefürchtet habe". Erklärend, wenn auch nicht tröstlich, sagt er zu seiner Frau: „Ich habe Dich ja nur gezwungen zur Frau genommen: Liebe nein, davon empfinde ich nicht die Spur." Auch wenn Ludovika diese

Ehe nicht will, verletzt sie dennoch das Verhalten von Maximilian sehr und sie nimmt ihm auch seine Affären von Anfang an übel, schweigt aber dazu und ergibt sich in ihr Schicksal.

Rund zweieinhalb Jahre nach der Eheschließung bereichert der Erstgeborene Ludwig Wilhelm Herzog in Bayern das Leben Ludovikas. Endlich hat die religiöse junge Frau eine Rolle in ihrem Leben gefunden, die ihr viel Freude bereitet. Schnell stellt sich weiterer Nachwuchs ein und das Paar kann den kleinen Wilhelm Karl am 24. Dezember 1832 in dem neuen prachtvollen Stadtpalais in der Ludwigstraße in München auf der Welt willkommen heißen. Doch wieder ist das Schicksal Ludovika nicht wohlgesonnen, ihr Christkind stirbt nur wenige Wochen nach seiner Geburt an einem Keuchhusten, mit dem er sich bei seinem Bruder angesteckt hatte. Ludovika fällt in eine tiefe Depression, aus der sie erst ihre Zwillingsschwangerschaft befreien kann. Auf einer Reise nach Bayreuth verliert sie allerdings einen der Zwillinge, ehe am 4. April 1834 ein weiteres Kind geboren wird: Helene Karoline Therese, der sie den Kosenamen Nene gibt. Im Stadtpalais finden auf Einladung Maximilians indes rauschende Bälle und Feste statt, die die Schriftstellerin Louise von Kobell wie folgt beschreibt: „An der Türe seines schmucken Empfangszimmers bewillkommnete der hohe Fürst mit verbindlichem Gruß jeden Gast, den Frauen und Mädchen reichte er je einen Blumenstrauß. Im Tanzsaale spendeten Springbrunnen unter herrlichen Blattpflanzen Kühlung. Das Orchester schmetterte hinter grünem Buschwerk seine Einladung zum Tanze hervor. Wie wurde ihr Folge geleistet! Alt und jung tanzte, plauderte, lachte. Beim Souper trieb der Champagner auch seine geistigen Blüten, denn mancher Gast war ein Meister der Rede und dafür, daß sich dieselbe in froher Tonart bewege, ward reichlich gesorgt."

In dem stattlichen Palais in München gibt es auch einen Zirkus, den der Herzog bereits 1831 planen ließ und welcher 1833 das erste Mal seine Pforten öffnete. In dem zeltgedeckten runden Bau mit Holzeinbauten, Logen und Sperrsitzen nimmt der Herzog an Reiterkunststücken und Dressurvorführungen teil, ebenso wie zunächst Ludovika, die sich dann aber wegen einer ständig wiederkehrenden Migräne zurückzieht. Während sich Ludovika um die wachsende Kinderschar kümmert, sucht Maximilian für seine Familie nach einer Sommerresidenz in der Nähe von München. Schnell wird er fündig und kauft die Schlösser Possenhofen und Garatshausen am Starnberger See, nachdem er die geerbten französischen Besitzungen seiner Mutter veräußert hatte. Die Familie verbringt nun die Sommer in Possenhofen und die kalten Wintermonate in dem gut beheizten modernen Stadtpalais in München. Herzog Maximilians außereheliche Aktivitäten bleiben nicht ohne Folgen: Er wird Vater von zwei Töchtern. Während sich die gemeinsamen Kinder des Herzogspaars erst anmelden müssen, ehe sie den Vater besuchen können, dürfen die unehelichen Töchter ihn jederzeit sehen und haben freien Zutritt zu seinen privaten Gemächern. Auch speist er jeden Mittag von halb zwölf bis halb zwei Uhr mit den beiden und die Familie darf ihn während dieser Zeit nicht behelligen, geschweige gar besuchen. Trotzdem achtet Maximilian darauf, seine Frau Ludovika nicht zu vernachlässigen, jeden Morgen besucht er sie im ersten Stock des Stadtpalais in München und plaudert angeregt mit ihr. Ludovika hofft jedes Mal, dass es der Herzog doch noch mit der Treue ernster nehmen würde: „Max fand die Tür nie verschlossen, und wenn er dann gekommen ist, habe ich wohl geglaubt, jetzt hab ich ihn. Aber am anderen Morgen, huit…, da war er wieder weg." Auch wenn sie ihn nicht liebt, sehnt sie sich doch nach einer guten Ehe und einem treusorgenden Mann.

Diese Aufnahme zeigt die Herzoginwitwe um 1890.

Auch mit der Geburt Elisabeths ändert sich das Verhältnis der beiden Ehepartner nicht. Während sich Ludovika für ihren Nachwuchs um eine unbeschwerte Kindheit bemüht, zieht es Maximilian immer wieder fort von seiner Familie. Im Jahr nach Elisabeths Geburt kauft er sich am Starnberger See das Schloss Unterwittelsbach, in dem er fortan die Sommermonate verbringt. Ludovika bleibt mit ihrer Kinderschar Possenhofen treu. Die Herzogsfamilie verbringt von nun die Sommermonate getrennt voneinander und die Kinder müssen häufig auf ihren Vater verzichten. So wächst Sisi – so nennt Ludovika ihre Elisabeth liebevoll – überwiegend mit ihrer Mutter in Possenhofen fern des Bayerischen Königshofs auf. Ludovika findet Entspannung bei langen Wanderungen in der Natur und diese Liebe zur Natur überträgt sie auf ihre Kinder – insbesondere auf die kleine Elisabeth, die aber auch eine Leidenschaft mit ihrem Vater, das Reiten, teilt. Die Kinder dürfen Kinder sein und werden nicht, wie es für hochadlige Sprösslinge vorgesehen ist, klassisch erzogen. Somit muss sich Elisabeth nicht dem zeitintensiven Erlernen von Tänzen, dem Sticken und verschiedenen Sprachen widmen. Ganz im Gegenteil, sie darf ebenso wie ihre Geschwister, die zwischenzeitlich in Possenhofen geboren wurden – Carl Ludwig 1839, Marie Sophie Amalie 1841 und Mathilde Ludovika 1843 – sowie in München – Sophie Charlotte Auguste 1847 und Maximilian Emanuel 1849 – mit den Bauernkindern der Umgebung des Starnberger Sees Wandern, Schwimmen und Reiten gehen. Auch wenn Ludovika sich ansonsten, im Gegensatz zu ihrem freiheitsliebenden und sehr liberalen Gatten, eher den Regularien des Bayerischen Hofs fügt, lehnt sie diese in Bezug auf die Erziehung ihrer Kinder ab – sehr zum Verdruss der Verwandtschaft und auch der adligen Gesellschaft, die insbesondere den Dialekt und die fehlende Etikette bemängelt.

Nachdem die erste Ehefrau ihres Sohnes Carl Ludwig Sophie 1867 verstirbt, übernimmt Ludovika die Erziehung ihrer Enkeltochter Amalie, mit der sie ein besonderes Vertrauensverhältnis verbindet. „Großmama war sehr wahrheitsliebend, besah sich die Welt mit offenen Augen und äußerte ihr Urteil über ihre Angehörigen ohne jede Beschönigung", schreibt ihre Enkelin über sie. Auch dass sie ihren Kindern, Enkeln, ihrer Umgebung und ihrer bayerischen Heimat mit besonderer Liebe begegnet sei.

„Großmama war sehr wahrheitsliebend, besah sich die Welt mit offenen Augen und äußerte ihr Urteil über ihre Angehörigen ohne jede Beschönigung."

Die letzten Jahre von Ludovika sind von vielen Schicksalsschlägen geprägt, zunächst stirbt nach zwei Schlaganfällen ihr Mann und wenige Monate später nimmt sich ihr Enkel, der österreichische Kronprinz Rudolf, das Leben. Trost findet Ludovika auch dieses Mal in der Natur. „Noch mit über 80 Jahren ging sie im Sommer stundenlang spazieren. Sie liebte die Bäume, das frische Grün so, dass sie nicht einmal Zweige, welche in die Fußwege hereinhingen, abschneiden lassen wollte“, schreibt ihre Enkelin. Als sie in Folge einer Bronchitis im Januar 1892 verstirbt, wird sie in der Familiengruft der Tegernseer Kirche St. Quirin neben ihrem Ehemann bestattet.

„Noch mit über 80 Jahren ging sie im Sommer stundenlang spazieren. Sie liebte die Bäume, das frische Grün so, dass sie nicht einmal Zweige, welche in die Fußwege hereinhingen, abschneiden lassen wollte.“

Melanie Kunze

Erinnerungsorte:

Im Herzog-Max-Palais in der Ludwigstraße 13 lebte Ludovika in den Wintermonaten und brachte hier unter anderem auch die österreichische Kaiserin Elisabeth zur Welt.

Maria Anna Lindmayrs größter Wunsch, als Nonne im Kloster der Karmelitinnen einzutreten, blieb ihr lange verwehrt.

Die „fromme Jungfer Mariandl"

Buße und Sühne

München, 17. Juli 1704: Die Anspannung steht den Menschen ins Gesicht geschrieben. Äußerlich betrachtet geht alles seinen normalen Gang – doch wie lange noch? Die Welt befindet sich im Umbruch und Bayern – natürlich – mittendrin. Erst zwei Wochen zuvor haben die Truppen der „Großen Allianz" bei der Schlacht am Schellenberg nahe Donauwörth die bayerische Armee besiegt und damit einen strategisch wichtigen Flussübergang eingenommen. Berichte von Plünderungen und Brandschatzungen machen die Runde. Bald wird der Feind vor den Toren Münchens stehen. Eine Frau jedoch weiß, wie das drohende Unheil abgewendet werden kann: Maria Anna Lindmayr.

Die Wirren des Krieges nehmen ihren Anfang, als vier Jahre zuvor der spanische König Karl II. kinderlos verstarb. Ohne einen direkten Erben und in Anbetracht der weitverzweigten Verwandtschaftsverhältnisse des Adels war der Konflikt unvermeidlich: Sowohl die Habsburger als auch die Bourbonen erheben Anspruch auf den spanischen Thron und die damit verbundenen Herrschaftsgebiete und Kolonien. Kurze Zeit später werden die ersten Truppen entsendet: Der Spanische Erbfolgekrieg wird Europa für Jahre in Atem halten. Im Kampf gegen die „Große Allianz" der Österreicher, den Niederlanden und England verbündet sich der bayerische Kurfürst Max Emanuel II. – er hofft auf einen Teil des spanischen Erbes – mit Frankreich. Aufgrund der Niederlage am Schellenberg im Juli 1704 und den vorrückenden Truppen der Allianz verschärft sich die Situation für Bayern …

So kommt es an besagtem 17. Juli 1704, einem Donnerstag, zu einem historischen Ereignis: Alle drei Stände – Adel, Klerus und Bürger – geloben feierlich den Bau einer Kirche zu Ehren der heiligen Dreifaltigkeit, um München vor Plünderung und Zerstörung zu bewahren. Die treibende Kraft dahinter: Die Visionen der Maria Anna Lindmayr. Kurz zuvor hatte sich die 46-jährige Frau schriftlich an den Fürstbischof von Freising gewendet und um Audienz gebeten. „Wenn von der Stadt dieses Gelübde gemacht werde, solle sie verschont bleiben. Ich habe es auf mich genommen und bin bei Gott Bürge gestanden, dass ich nicht nachlassen werde, bis die Kirche gebaut ist", zitiert Bonifatius Günther in *Maria Anna Josefa Lindmayr: Prophetin Gottes, Helferin der Armen Seelen ihre Worte*. In mehreren Anhörungen legte sie ihre apokalyptischen Visionen dar: Nur, wenn die Münchner eine Kirche zu Ehren der heiligsten Dreifaltigkeit errichten, werden sie vor Gottes Strafgericht in Form von Brandschatzung und Verwüstung verschont bleiben. Aufgrund der herben militärischen Niederlage bei der Schlacht am Schellenberg fällt ihre Prophezeiung auf fruchtbaren Boden. Eiligst werden die Stände einberufen, das Gelübde am 17. Juli öffentlich in seltener Einmütigkeit und unter Tränen feierlich abgelegt.

Wer aber war die Frau, die mit ihren Visionen die Zerstörung der Stadt vorhergesagt hatte?

Maria Anna Lindmayr kommt am 24. September 1657 in München zur Welt und wächst in einer streng katholischen Familie auf: Ihre vier Brüder besuchen alle das Jesuitengymnasium und verfolgen anschließend eine geistliche Laufbahn, eine ihrer Schwestern tritt in das Prager Karmelitenkloster ein. Kaum verwunderlich, dass sich die junge Maria ebenfalls zu einem Leben im Dienste Gottes hingezogen fühlt. Bereits im Kindesalter erlebt sie Visionen, legt als Jugendliche bei den Jesuiten die Generalbeichte ab. Eingeführt in die spanische Mystik, beginnt sie zu fasten und sich selbst zu kasteien.

Mit dem Bau der Dreifaltigkeitskirche lösten die bayerischen Landesstände ihr 1704 abgelegtes Gelübde ein.

Wiederkehrende nervöse Krankheitszustände sorgen allerdings dafür, dass ihr größter Wunsch, der Eintritt ins Kloster, trotz mehrfacher Versuche unerfüllt bleibt. Ihre spirituelle Hingabe bleibt jedoch ungebrochen: Sie empfängt weiterhin Visionen und leistet Sühne, stellvertretend für 400 Arme Seelen im Fegefeuer. Versuche ihrer Eltern, sie durch Heirat finanziell abzusichern, unterbindet sie radikal. Im Alter von 28 Jahren legt sie die Gelübde der Armut, der Keuschheit und des Gehorsams ab und trägt fortan ein Skapulier, den Überwurf über Brust und Rücken als Trachtbestandteil der Nonnen. Ihre geistige Führung übernehmen nun die Karmeliten, denen sie sich kurze Zeit später als Tertiarin, ein Laienmitglied, anschließt. Das hingebungsvolle Leben der Frau bleibt auch außerhalb des Klerus nicht unbemerkt. Sie ist stadtbekannt, ihr Rat ist begehrt – auch in höfischen Kreisen. Skeptiker fordern immer wieder Untersuchungen der „frommen jungfer Mariandl", denen sie sich nicht nur bereitwillig stellt, sondern auch teilweise selbst ersucht, und die stets ihre Gesundheit bestätigen.

Der Höhepunkt ihres seherischen Wirkens ist – zweifelsohne – das abgelegte Gelübde der Münchner Stände zum Bau der Dreifaltigkeitskirche im Juli 1704. Und keinen Augenblick zu früh: Einen Monat später, am 13. August, wird das Heer des Kurfürsten Max Emanuel II. bei Höchstädt vernichtend geschlagen. Der Herrscher flüchtet ins Exil, während sich der Bündnispartner Frankreich hinter die Rheinlinie zurückzieht. Bayern wird für mehrere Jahre von Österreich besetzt. Die Münchner ächzen unter den hohen Abgaben und den Zwangsrekrutierungen durch die Besatzer. Aber die Stadt selbst wurde weder einer zermürbenden Belagerung ausgesetzt noch geplündert. Auch von der Pest bleibt München – im Gegensatz zum Umland – verschont.

Obwohl niemand daran zweifelt, dass dieses „Glück im Unglück" ausschließlich der schützenden Hand Gottes und der warnenden Prophezeiung durch Maria Anna Lindmayr zu verdanken ist, verzögert sich der Bau der Dreifaltigkeitskirche um mehrere Jahre. Die Seherin ist in der Zeit nach ihrem öffentlichen Auftritt alles andere als untätig: Neben einigen Ermahnungen an die Stände, dem in großer Not abgelegten Gelübde baldigst Taten folgen zu lassen, beginnt sie, Friedensappelle per Brief an verschiedene katholische Fürsten zu richten. Sie erwirkt zudem, dass der geplanten Kirche ein Kloster der Karmelitinnen angegliedert wird.

Im Jahr 1711, also während des Krieges, beginnt der Bau der Dreifaltigkeitskirche. Noch vor der Vollendung der Bauarbeiten endet im Jahr 1718 der Spanische Erbfolgekrieg und damit die österreichische Besatzung. Und für Maria Anna Lindmayr geht endlich ein Traum in Erfüllung: Im Jahr 1712, sie selbst ist Mitte 50, tritt sie als Novizin dem durch ihre Veranlassung erschaffenen Karmelitinnenkonvent bei und beginnt ihr Leben als Nonne. Sie dient dem Konvent zunächst als Krankenschwester, wird aber bald zur Priorin gewählt. Eine zweite Amtszeit lehnt sie – trotz Wunsch der anderen Ordensschwestern – ab und widmet sich stattdessen der Betreuung der Novizen. Am 6. Dezember 1726 stirbt sie friedlich im Alter von 69 Jahren und wird in der Klostergruft beigesetzt.

Was bleibt von Maria Anna Lindmayr? Der Seligsprechungsprozess wurde kurz nach ihrem Tod durch den Fürstbischof von Freising in die Wege geleitet, geriet jedoch mit dessen Ableben ins Stocken und ruht nunmehr seit fast 300 Jahren. Im Zuge der Säkularisation wurde das Karmelitinnenkloster aufgelöst, die sterblichen Überreste der Seherin und viele ihrer dort ebenfalls beigesetzten Ordensschwestern bei den Räumungsarbeiten in ein Massengrab überführt. Doch große Teile ihrer Korrespondenz blieben erhalten, ebenso wie Tausende Seiten an Tagebuchaufzeichnungen und Notizen. Sie gewähren einen einzigartigen Blick in die Gedankenwelt einer außergewöhnlichen Frau in turbulenten Zeiten und bieten viel Stoff für die kirchliche Forschungsarbeit.

„Große Teile ihrer Korrespondenz blieben erhalten, ebenso wie Tausende Seiten an Tagebuchaufzeichnungen und Notizen.“

Demjenigen, der Zweifel an feierlichen Gelübden und göttlichen Eingriffen hegt, sei ein Spaziergang in die Pacellistraße angeraten. In voller Pracht steht dort die einzige Kirche der Münchner Innenstadt, die den Zweiten Weltkrieg überstand: Die Kirche der „frommen jungfer Mariandl“.

Annika Stahl

Erinnerungsorte:

Die barocke Dreifaltigkeitskirche in der Pacellistraße 6 wurde aufgrund der Prophezeiungen Maria Anna Lindmayrs gebaut, um München vor den Folgen des Spanischen Erbfolgekriegs zu schützen.

Mit dem Radio kam der Erfolg

Sie bleibt unvergessen

Früh muss Elisabeth Wellano lernen, mit dem Spott der Nachbarskinder umzugehen, die ihr hinterherrufen: „Wellano, Wellano – Italiano, lebst aa no?“ Auch ohne die Schmähungen ist es nicht einfach für Elisabeth, die aus einer italienischstämmigen Bäckerfamilie in Schwabing kommt: „Obwohl hart gearbeitet wurde, war das Geld doch sehr knapp“, berichtet Dagmar Mann, die sich für die Frauen aus ihrem Stadtteil besonders interessiert. Als es für die Mutter immer schwerer wird, die hungrigen Kinder satt zu bekommen, übernimmt sie einen kleinen Milchladen auf der Schwanthaler Höh. Für die junge Elisabeth bedeutet dies, dass sie von nun an mitanpacken muss und sie ist auch frühmorgens für die Verteilung der Milch zuständig. „Leider lief der Laden nicht gut und die Familie gab das Geschäft wieder auf“, sagt Dagmar Mann. „Bereits in jungen Jahren hatte sie deshalb eine Sensibilität für die kleinen Dinge entwickelt, an denen man sich erfreuen kann.“

Elisabeth, die als fünftes Kind von insgesamt neun Kindern geboren wird, ist eine fleißige und auch gescheite Schülerin, schon bald hat sie erkannt, dass Bildung der Schlüssel zum Weg aus der Armut ist. Ihr Traum ist es, Lehrerin zu werden. Doch diese Möglichkeit steht einem Mädchen aus der Unterschicht nicht offen, selbst wenn sie, wie Elizabeth, eine Einser-Schülerin ist. Als ihre Mutter stirbt, ist sie gerade 16 Jahre alt und muss sich nun besonders um ihre kleine Schwester Amalie kümmern. Nebenbei arbeitet sie als Verkäuferin bei Tietz in der Abteilung Kurzwaren und Posamente.

„Den Weg auf die Bühne verdankt sie einem Zufall“, erzählt die Schwabingerin. Elisabeth selbst sagte dazu in einem

Liesl Karlstadt zog es immer wieder auf die Bühne, aber den großen Durchbruch als Solokünstlerin verdankte sie dem Radio.

Interview: „Es war ein paar Jahre vor dem Krieg, da saß ich im Bamberger Hof mit leuchtenden Augen vor einer Dachauer Bauernkapelle. Ich weiß nicht mehr recht, wie es kam, aber der Herr Direktor ‚engagierte' mich, vielleicht meiner Begeisterung wegen, vom Fleck weg als ‚Anfängerin'. Ihr Vater ist strikt dagegen, doch Elisabeth setzt sich durch – ihre Stellung bei Tietz kündigt sie jedoch noch nicht. Drei Monate lang führt sie ein Doppelleben, arbeitet tagsüber bei Tietz, während sie die ruhigen Phasen nutzt, um ihre Rollen zu lernen, eilt direkt nach Ladenschluss in den Bamberger Hof und steht dort als Jodlerin, Chorsängerin oder Soubrette auf der Bühne. „Doch dann fordert die Doppelbelastung ihren Tribut und Elisabeth hängt ihre Stellung bei Tietz an den Nagel", berichtet die Münchnerin.

Kurz vor dem Ersten Weltkrieg lernt Elisabeth Karl Valentin kennen und schreibt in ihrem Text *Karl Valentin und ich*, er habe ihr erklärt, sie sei „für eine Soubrette viel zu mager, hätte vor allem einen zu kleinen Busen." Außerdem sei sie viel zu brav und schüchtern, denn eine Soubrette hätte einfach kess zu sein. Er hat aber auch lobende Worte für Elisabeth: Sie besitze komisches Talent und er würde ihr raten, sich auf's Komische zu verlegen. „Meine Verehrung für Karl Valentin schlug daraufhin in Hass um", schildert die Münchnerin ihre Gefühle.

„Erst später folgte sie seinem Rat, da Karl Valentin ihr eine vom ihm verfasste Parodie auf eine Soubrette schenkte", erzählt Dagmar Mann. Sie tritt schließlich mit der Nummer auf und fährt einen ersten großen Erfolg ein. Das war der Moment, wie Elisabeth schreibt, der ihre Freundschaft besiegelt habe und aus dem eine jahrzehntelange Partnerschaft erwuchs. Aus den beiden wird nicht nur auf der Bühne ein Paar, auch privat kommen sich die beiden näher und Elisabeth nimmt den Künstlernamen Liesl Karlstadt an.

Am Anfang lässt sich Elisabeth noch von dem zehn Jahre älteren Karl führen und unter seiner Regie feiern sie große Erfolge. „Sie genießen ihre große künstlerische und menschliche Übereinstimmung", beschreibt Dagmar Mann die Hochphase des Komiker-Duos.

Doch mit der Zeit bekommt der Zusammenhalt Risse. „Immer umfassender übernimmt Liesl Karlstadt Aufgaben bei der Betreuung ihres bei aller Genialität nicht einfachen Partners: Sie wird zur Souffleuse, wenn den nervösen Karl Valentin die Angst plagt, er würde seine Texte vergessen", schreibt die Familie Valentin auf ihrer Homepage. Sie zeige Verständnis für seine hypochondrischen Leiden und wechselhaften Stimmungen, verbreite gute Laune und Zuversicht und organisiere im Hintergrund für Karl Valentin die ruhige Atmosphäre, die er für seine Auftritte brauche.

Doch auch Elisabeth braucht mehr. Sie möchte auf eigenen Beinen stehen und Anerkennung für ihre Leistungen erhalten, weshalb sie ab 1930 Schauspielunterricht nimmt. Ihre Darstellung als Frau Vogel im *Sturm im Wasserglas* wird ein großer Erfolg und zieht weitere Engagements nach sich. Auch privat trennt sich Elisabeth von Karl Valentin und beginnt eine Beziehung mit dem Chauffeur Josef Kolb.

Endgültig lösen kann sich Elisabeth noch nicht von Karl Valentin, zudem stockt ihre eigene Karriere erneut und so steht sie schon bald wieder ausschließlich mit ihm auf der Bühne. „Aber Liesl leidet unter der Zusammenarbeit mit Karl", erzählt Dagmar Mann, „als sie ihr ganzes Erspartes verliert, weil sie in Karls Panoptikum investiert hatte, erleidet sie einen Nervenzusammenbruch." Nachdem sie aus der Klinik entlassen wird, versuchen Karl und Elisabeth an alte Erfolge anzuknüpfen, aber es gelingt ihnen nicht. Elisabeth ist angeschlagen und fällt immer wieder in tiefe Depressionen. „Karl ist zu Anfang noch sehr um sie bemüht, aber als der Zustand sich über Jahre nicht bessert, wendet er sich von ihr ab und einer anderen Frau zu", schildert die Münchnerin die Reaktion des berühmten Komikers. Als sich Elisabeth 1939 weigert aufzutreten, besetzt Karl Valentin ihre Rolle mit seiner neuen Favoritin um. Das ist das Ende der 26-jährigen Bühnenpartnerschaft.

Das prominent angebrachte rote Herz am Grabkreuz lässt sich aufklappen und dahinter erscheint eine Inschrift.

Über den Krieg bleiben die beiden in Kontakt, neben wenigen Auftritten nimmt sich Elisabeth eine Auszeit und pflegt zwei Jahre lang bei den Gebirgsjägern in Ehrwald in Tirol Maultiere. Der briefliche Kontakt verändert sich über die Kriegsjahre, die schrecklichen Ereignisse um sie herum lassen den Konflikt verblassen und die beiden nähern sich erneut an. Nach Kriegsende stehen sie nun auch wieder gelegentlich zusammen auf der Bühne. Den letzten gemeinsamen Auftritt haben sie neun Tage vor Karl Valentins Tod.

Danach nimmt Elisabeth jede Rolle an und versucht, so viel zu arbeiten, wie sie nur kann; sie möchte nicht vergessen werden. Sie steht nicht nur auf der Bühne, sondern immer häufiger auch vor der Kamera. Den eigentlichen Durchbruch bringt ihr allerdings der Rundfunk: Als Frau Brandl aus der Serie *Familie Brandl* begeistert sie ab 1952 die Massen. Anfangs sind nur einige Folgen vorgesehen, doch die Hörer sind so begeistert, dass fleißig weitergeschrieben wird und die Geschichten der Familie Brandl von nun an jeden zweiten Samstagnachmittag liefen. „Als einfache Frau mit Herz und Mundwerk auf dem rechten Fleck wurde sie in den Fünfzigerjahren zur Identifikationsfigur für viele Münchnerinnen und Münchner und ihre Darstellerin Liesl Karlstadt zu einer viel geliebten und geachteten Persönlichkeit in ihrer Heimatstadt“, resümiert Gunda Wendt in *Liesl Karlstadt: Ein biografischer Essay*. Damit hat Elisabeth ihr Ziel erreicht, sie wird auch nach ihrem Tod am 27. Juli 1960 nicht vergessen werden.

Melanie Kunze

Erinnerungsorte:

Auf dem Bogenhausener Friedhof (Grab Nr. 5 an der Mauer links) ist Liesl Karlstadt beerdigt worden. Am eisernen Grabkreuz hängt ein leuchtend rotes Herz mit der Aufschrift „Liesl Karlstadt“. Das Herz lässt sich öffnen und darunter findet sich ihr Geburtsname: „Elisabeth Wellano“ mit ihren Lebensdaten 1892-1960.

Gipsabdruck des Grabes von Isabeau de Bavière - der in Bayern geborenen Königin von Frankreich, deren Ruf bis ins späte 20. Jahrhundert unter den in Paris gestreuten Gerüchten litt.

Die schwarze Legende

Eine Königin mit „schlechter Presse"

„Im Namen des Vaters und des Sohnes und des Heiligen Geistes, diese Salbung diene dir zur Ehre und zur ewigen Bestätigung, so sei es", verkündet Erzbischof Wilhelm von Vienne. Unter einem goldenen Baldachin empfängt die junge Frau in der lichtdurchfluteten Palastkapelle Sainte-Chapelle 1389 die Weihe zur Königin von Frankreich. Feierlich bestreicht der Bischof ihren Kopf und ihre Brust – allerdings nicht mit dem heiligen Öl aus Reims, mit dem ihr Gatte, König Karl VI. einst geweiht worden war. Ihr hingegen ist einfaches Salböl vorbehalten. Kein ungewöhnliches Vorgehen, auch wenn die Symbolik eindeutig ist: Zwar wird sie dadurch als Königin legitimiert, doch ihr Gatte ist es, der regieren wird. Die Stimmung ist jedoch alles andere als getrübt: Bereits einen Tag zuvor hielt Isabeau Einzug in Paris, gekleidet in Samt und Seide, geschmückt mit diamantenbesetztem Kopfschmuck und begleitet von einem Festzug, an Prunk und Glanz kaum zu übertreffen. Der König selbst nahm am Einzug seiner Gattin nicht teil – jedenfalls nicht offiziell: Er mischte sich unerkannt unters jubelnde Volk. Zu diesem Zeitpunkt ahnte keine Menschenseele, welche Anschuldigen einmal gegen Isabeau erhoben werden würden, die vier Jahre zuvor noch als „Elisabeth" am bayerischen Hof gelebt hatte.

„Elisabeth kam 1370 am Alten Hof in München zur Welt, als zweites Kind des Wittelsbachers Stephan III. und der Mailänderin Taddea Visconti", erklärt Karin Schneider-Ferber, Historikerin und Autorin der Biografie *Isabeau de Bavière*. Abgesehen von Elisabeths Namen sei jedoch wenig über ihre Geburt bekannt, Jahr und Ort könnten nur indirekten Hinweisen entnommen werden. Dass die Herzogstochter am Alten Hof das Licht der Welt erblickte, sei allerdings wahrscheinlich: „Die Residenz in München war im Besitz der Wittelsbacher, bevor es im Jahr 1392 zur Bayerischen Landesteilung gekommen war." Elisabeth wächst vermutlich an wechselnden Orten wie München, Landshut und Ingolstadt auf – eben jene Residenzstädte, aus denen nach der Landesteilung die drei Teilherzogtümer entstehen. Zu diesem Zeitpunkt wird sich die Münchnerin jedoch bereits in Frankreich aufhalten.

Die Erziehung der jungen Elisabeth entspricht ganz einer Herzogstochter: „Sie lernte Lesen und Schreiben und beherrschte zumindest so viel Latein, dass sie der Messe folgen, Stundenbücher und Heiligenviten lesen konnte", schreibt Karin Schneider-Ferber in der Biografie über Isabeau. Ihre jungen Jahre sind indes vor allem durch den frühen Tod der Mutter geprägt. Zu diesem Zeitpunkt ist sie erst elf Jahre, ihr Bruder Ludwig, der ihr später einmal nach Frankreich folgen wird, 13 Jahre alt. Elisabeths Fortgang aus der bayerischen Heimat folgt schließlich, als der französische König Karl VI. im Jahr 1385 – bereits zum wiederholten Mal – um die Hand der Herzogstochter anhält. Die Wittelsbacher durch Heiratsverbindungen als Bündnispartner im Kampf gegen die Engländer zu gewinnen, stand zu jener Zeit ganz im Interesse der französischen Königsfamilie. Elisabeths Vater, Herzog Stephan III., willigt in die Hochzeit ein. Und Karl VI. ist begeistert von der 15-jährigen Elisabeth, die von ihrer italienischen Mutter den dunklen Farbton der Haare und Augen geerbt hatte.

„Seit der Vermählung mit Karl VI. wählte Elisabeth zunehmend die französische Variante ihres Namens, Isabeau", fährt die Autorin fort. Für die gebürtige Bayerin ist Karl VI. ebenfalls eine gute Partie: Die Vermählung mit einem König bedeutet nicht nur einen politischen Aufstieg, sie ehelicht zudem einen gutaussehenden Mann, der mit 17 Jahren kaum älter als sie selbst ist. Ein Trost für die frisch Verlobte, denn der Umzug in das fremde Land isoliert sie: „Bei ihrer Ankunft ist Elisabeth nicht nur jung, sondern spricht auch kein Wort Französisch. Nach der Hochzeit bleiben allein ihre Amme und beste Freundin mit Isabeau in Frankreich", schildert Karin Schneider-Ferber die Umstände. „Trotzdem – oder vielleicht sogar deswegen – übt sie bald eine starke Tatkraft aus und lernt, sich am Hof Gehör zu verschaffen."

Isabeau hat das Privileg, in den Genuss des französischen Hoflebens zu kommen, das Leben bereitet ihr jedoch auch viel Kummer und Schmerz: Ihr Erstgeborener Karl stirbt mit drei Monaten, ihre Tochter Johanna mit zwei Jahren. „Insgesamt durchlebt Isabeau zwölf Schwangerschaften, die beinahe alle jährlich aufeinander folgen", fährt die Historikerin fort. „Es sind schwere Geburten und nur acht ihrer Kinder überleben bis ins Erwachsenenalter." Bei ihrem Tod im Jahr 1435 überleben die Königin nur ein Sohn und zwei Töchter.

„Insgesamt durchlebt Isabeau zwölf Schwangerschaften, die beinahe alle jährlich aufeinander folgen."

Mit berauschenden und ausgelassenen Festen trotzt das junge Ehepaar der Härte des Lebens, ihre Krönung im Jahr 1389 in Paris gilt als legendär. Die Begeisterung hält allerdings nicht lange an: „Isabeaus Lebenszeit fällt mit der des Hundertjährigen Krieges zusammen. Sie muss in dieser schweren Epoche, die geprägt ist von Hunger und Pest sowie den einfallenden Engländern in Nordfrankreich, regieren", erklärt die Autorin. Als nach der aufwendigen und kostspieligen Krönung daher keine Steuerentlastung für die Bürger folgt, fallen erste Schatten auf das königliche Paar. Während am Hof dem Luxus gefrönt wird, leidet das Volk unter den wirtschaftlichen Folgen des Krieges. Und als „Ausländerin" hat die gebürtige Münchnerin einen besonders schweren Stand – im Gegensatz zum französischen König, der vom Volk verehrt und geliebt wird.

Eine weitere schicksalsweisende Begebenheit für den Verlauf Isabeaus Lebensweg ereignet sich im Sommer 1392. Auf einem Reitausflug verfällt Karl VI. plötzlich in einen geistesverwirrten Zustand. Seine von Wahn und Aggression gezeichneten Ausbrüche häufen sich in der darauffolgenden Zeit, verwandeln sich in apathische Zustände, die teils über Monate andauern. Isabeau greift zu sämtlichen erdenklichen Mitteln, ersucht göttliche Hilfe, experimentiert mit Heilkuren aller Art. Eine Besserung ist jedoch nicht in Sicht. „Das Krankheitsbild lässt darauf schließen, dass ihr Mann vermutlich schizophren war", erklärt die Historikerin die Symptome. „Eine psychische Erkrankung, die in Schüben auftritt, und zu Realitätsverlust und Wahnvorstellungen führt." Durch die krankheitsbedingten Ausfälle verliert die junge Königin nicht nur den Mann an ihrer Seite, sondern das Land auch seinen König. An seiner statt regiert fortan ein Regentschaftsrat unter Vorsitz der Königin. Doch die vielen Hofparteien verfolgen alle ihre eigenen Ziele: „Bald schon wurde Isabeau zum Spielball der Herzöge von Burgund einerseits und Orléans andererseits. Allesamt Männer, die ihr

Historikerin Karin Schneider-Ferber in Saint-Denis am – aus weißem und schwarzem Marmor gefertigten – Grab Isabeaus und Karl VI.

durch militärische und politische Erfahrung überlegen waren." Zu ihrer Unterstützung holt sich die gebürtige Bayerin daher einen Vertrauten an ihre Seite: ihren um zwei Jahre älteren Bruder Ludwig, genannt „der Bärtige".

Damit die Stabilität Frankreichs nicht gefährdet wird, bemüht sich die Königin um eine gute Verbindung zu beiden Parteien: auf der einen Seite der Burgunder Philipp der Kühne, Onkel des Königs, auf der anderen Seite der Bruder des Königs, Ludwig von Orleáns. Die Dinge ändern sich jedoch im Jahr 1404, als sich mit dem Tod Philipps die Machtverhältnisse zugunsten seines Gegenspielers Ludwig von Orléans verschieben. Ein Umstand, den dessen Cousin Johann Ohnefurcht nicht gutheißen kann. Als Sohn des Burgunders Philipp hat er nicht nur Ludwig im Visier, sondern auch Isabeau. Denn Ohnefurcht sieht die Königin – und somit den Hof – an der Seite Orléans.

Johann Ohnefurcht plant daher, das Volk für sich zu gewinnen. Er verspricht Reformen und hetzt gegen die Königin. Diese hatte in der Zwischenzeit ohnehin einen schweren Stand: Das kriegsgebeutelte Volk konnte es nicht gutheißen, dass Isabeau ihren Bruder an den Hof geholt hatte und dieser nach seiner Ehe mit der vermögenden Französin Anna von Bourbon große Teile seiner Mitgift nach Bayern ausführte. Als dann noch neue Steuerforderungen am Hof laut werden, fallen die Gerüchte auf fruchtbaren Boden, die ab 1404 in Paris kursieren: „Die Königin sei habgierig, hieß es, plündere gemeinsam mit ihrem Schwager das Land, protegiere ihren Bruder über Gebühr, vernachlässige dabei ihre Kinder und ihren kranken Mann", schreibt Schneider-Ferber in der Biografie über die Königin. Darüber hinaus wird Isabeau Verschwendungssucht vorgeworfen. Es sind Vorwürfe, gegen die sich die Königin kaum wehren kann – und eindeutig ein politisches Motiv haben: „Eine Quelle besagt, dass Agenten Burgunds gezielt in der Stadt Gerüchte streuten. Darunter auch die Nachrede, sie würde ihren Ehemann schlecht behandeln, ja, er würde gar verwahrlosen." Der Grund-

„Eine Quelle besagt, dass Agenten Burgunds gezielt in der Stadt Gerüchte streuten. Darunter auch die Nachrede, sie würde ihren Ehemann schlecht behandeln."

stein für den aufkeimenden Bürgerkrieg zwischen Burgund und Orléans war somit gelegt.

Die Situation eskaliert im Jahr 1407, als Ludwig von seinem Rivalen Ohnefurcht an einer Häuserecke abgefangen und ermordet wird. Er lässt nicht nur sein Leben, sondern verliert auch seine Hand – ein Detail, das später relevant werden sollte. Trotz Flucht beteuert Ohnefurcht im Recht gewesen zu sein, propagiert seine Handlung als Tyrannenmord und erzwingt eine Versöhnung. Auch die Königin muss bei der Farce mitspielen, denn durch Ohnefurchts Ehe mit einer Wittelsbacherin ist es ihm möglich, Druck auf Isabeau auszuüben. An die Stelle Ludwigs war nun Bernhard von Armagnac getreten. Ein machtgieriger Tyrann, der den König bewusst instrumentalisiert und die höfischen Gelder – und somit auch Isabeaus Kapital – für seine Zwecke plündert. Isabeau befindet sie sich in einer denkbar ungünstigen Lage, gefangen zwischen Ohnefurcht und Bernhard. Obendrein hatte sie ihren Bruder als Vertrauten verloren, der wegen des wachsenden politischen Drucks nach Bayern zurückgekehrt war. Die Königin, zudem mit „schlechter Presse", ist handlungsunfähig, inmitten eines politisch vollkommen instabilen Frankreichs.

Es ist eine Situation, die nicht nur für Isabeau, sondern auch für das französische Volk untragbar ist. Die Schriftstellerin Christine de Pisan appelliert daher an die Königin, sich aktiv an der Politik zu beteiligen. Als Mäzenin hatte Isabeau sich zuvor für diese eingesetzt: „Dank der Unterstützung durch die Königin konnte sich Christine de Pisan als Witwe und dreifache Mutter dem Schreiben widmen", erklärt Karin Schneider-Ferber und ergänzt: „Die Schriftstellerin war eine frühe Frauenrechtlerin in einer männerdominierten Gesellschaft. In ihren Werken forderte sie, dass Frauen mehr Zugang zu Bildung erhalten sollten." Sie legt in ihren Niederschriften fest, welche Werte und Tugenden das weibliche Geschlecht haben sollte – und wendet sich mit einem Aufruf an die Königin, das Land aus der prekären Situation zu führen. Doch Isabeaus Optionen sind limitiert. Daher entschließt sie sich für das kleinere Übel: Sie schlägt sich auf die Seite Ohnefurchts. Mit dessen Hilfe vertreibt sie Bernhard und kehrt an den Pariser Hof zurück. Währenddessen macht sich eine dritte Partei die andauernden Konflikte in Frankreich zunutze: der englische König Heinrich V.

Die wachsende Bedrohung durch England zwingt die rivalisierenden Häuser zur endgültigen Versöhnung. Im Jahr 1419 soll es zum Treffen kommen. Auf der Seite Burgunds steht Johann Ohnefurcht, auf der Seite Orléans Isabeaus eigener Sohn Karl VII. Er ist der letzte noch lebende männliche Nachkomme des Königspaars und somit der „Dauphin" – der Thronerbe des Königs von Frankreich. Bereits Jahre zuvor hatte er bei seiner Verlobung mit Marie von Anjou den Hof verlassen müssen und seither unter dem Einfluss der Verbündeten Orléans gestanden. Auf der Brücke von Montereau treffen sich beide Parteien. Trotz der Sicherheitsvorkehrungen kommt es zur Tragödie: Ohnefurcht wird ermordet. Bis heute ist ungeklärt, wer der Attentäter war. Doch wie auch dem zuvor ermordeten Ludwig von Orléans wird Ohnefurcht die Hand abgeschlagen.

Königin Isabeau steht erneut zwischen den Fronten: Finanziell und politisch ist sie von der burgundisch-wittelsbachischen Partei abhängig, auf der anderen Seite steht ihr eigener Sohn, der ihr durch die lange Abwesenheit fremd geworden war. Um die ständig wachsende Bedrohung durch England aufzuhalten, entwirft sie einen Plan, der ihr später beim französischen Volk zum Verhängnis werden soll: Der Vertrag von Troyes. Demnach soll ihre Tochter Katharina mit Heinrich V., König von England, vermählt werden und der Engländer anschließend als Erbe und Regent Frankreich regieren. Bei dieser Doppelmonarchie sollte das Königreich allerdings nicht in das englische Reich integriert werden, sondern jedes Land seine eigene Krone tragen. Ein hoher Preis – doch nur so könnten mehrere Krisenherde gleichzeitig gelöscht werden, langersehnter Frieden einkehren und das französische Volk wieder erstarken. Allerdings würde Isabeaus Sohn Karl VII. dadurch auch von der Thronfolge ausgeschlossen werden. „Isabeau war Zeit ihres Lebens bemüht, ihren Kindern eine sichere Zukunft zu ermöglichen. Sie erhielten eine solide Ausbildung, wurden gut verheiratet und zu ihrem Schutz ständig von Truppen begleitet", merkt die Historikerin an. Doch die Kluft zwischen Isabeau und ihrem entfremdeten Sohn war zu tief und der Druck seitens burgundisch-wittelsbachischen Seite zu groß geworden.

Mit dem Vertrag von Troyes finden sich in Frankreich zwar viele mächtige Unterstützer, darunter die Pariser Bürgerschaft, doch nicht alle sind von dem Vorhaben begeistert: Wenn der Thron in englische Hände fiele, was würde dann aus dem Haus Orléans und Karl VII., dem Dauphin, werden? „Der Vertrag von Troyes wurde Isabeau vom französischen Volk negativ angelastet, es strebte kein Doppelkönigtum an", fährt Schneider-Ferber fort. „Als Johanna von Orléans ins Spiel kommt, stärkte das zunehmend das Nationalgefühl", erklärt die Autorin. An der Seite des Dauphins kämpft die legendäre Bauerstochter gegen das Vorhaben der Burgunder und Engländer. Doch auch die junge Französin kann den Hundertjährigen Krieg nicht beenden und mit dem Tod der Legende „Jeanne d'Arc" auf dem Scheiterhaufen sollte 1431 die englische Doppelmonarchie endgültig Gestalt annehmen: Noch im selben Jahr wird der 10-jährige Heinrich VI., Sohn von Katharina und dem Engländer Heinrich V., in der Kathedrale Notre-Dame de Paris gekrönt. Es ist Isabeaus letzter politischer Auftritt, vier Jahre später stirbt sie und wird in der Kathedrale Saint-Denis beigesetzt.

Der Alte Hof in München gilt als wahrscheinlicher Geburtsort der Wittelsbacherin.

Isabeaus schlechter Ruf hält sich lange über ihren Tod im Jahr 1435 hinaus: „Weit mehr als vier Jahrhunderte lang wird Isabeau schlecht geredet. Dass sie die Krone England vermachen wollte, wurde als Landesverrat gewertet." Selbst in französischen Schulbüchern gilt sie lange als „schwarze Legende". „Erst mit den Biografien von Marie-Véronique Clin und Jean Markale in den 1990er-Jahren änderte sich die Narrative. Beispielsweise untersuchte Clin anhand alter Dokumente und Zahlen ihre vermeintliche Habgier und Verschwendungssucht. Nichts davon ließ sich belegen", erklärt die Historikerin. „Sie hat ebenso viel ausgegeben wie andere am Hof, sogar teilweise weniger als die Herzöge." In Deutschland hingegen leidet ihr

Ruf nicht, da sie hier gar keinen hat. „Bis heute ist Isabeau in Bayern nicht sehr bekannt", bedauert Karin Schneider-Ferber. „Doch die Wurzeln der gebürtigen Münchnerin liegen in Bayern, womit sie auch Zeit ihres Lebens verbunden bleibt. Nicht nur besaß ihr Bruder das Teilherzogtum Bayern-Ingolstadt, er hatte auch durch seine Anwesenheit in Frankreich viele Hofdamen aus Bayern mitgebracht. Und in ihrem Testament begünstigte sie sogar die Liebfrauenkirche in München, die vermutlich ihre Taufkirche gewesen war."

Doch die Geschichte um Isabeau – und somit auch der Vertrag von Troyes – endet nicht an dieser Stelle. Kurz vor ihrem Tod erreicht sie eine Nachricht: Isabeaus Sohn Karl VII., bereits 1422 zum König proklamiert und mithilfe der Jungfrau von Orléans in Reims zum König von Frankreich gesalbt, hat im Vertrag von Arras die Anerkennung des Burgunderherzogs gefunden. Ein Weg zum Frieden scheint geebnet. Demgegenüber standen die Vorzeichen für den englischen Thronfolger, Heinrich VI., mehr als ungünstig, denn er war „nur" in Notre Dame de Paris – und nicht – in der traditionellen Krönungskirche der französischen Könige, in Reims, gekrönt worden. Erschwerend kam hinzu, dass bei der Zeremonie das heilige Öl aus Reims, das dem Königtum die sakrale Aura verlieh, wegen des französischen Vormarsches nicht verfügbar gewesen war. In den Augen der Zeitgenossen erschien Karl VII. daher mehr und mehr als rechtmäßiger, von Gott gewollter König. Er behauptete den Thron, doch als er 1437 in Paris einzog, war seine Mutter längst tot.

Annika Stahl

Erinnerungsort:

Isabeau kam wahrscheinlich im Alten Hof in der Münchner Herzogsresidenz zu Welt, unweit der Frauenkirche, in der sie vermutlich getauft wurde.

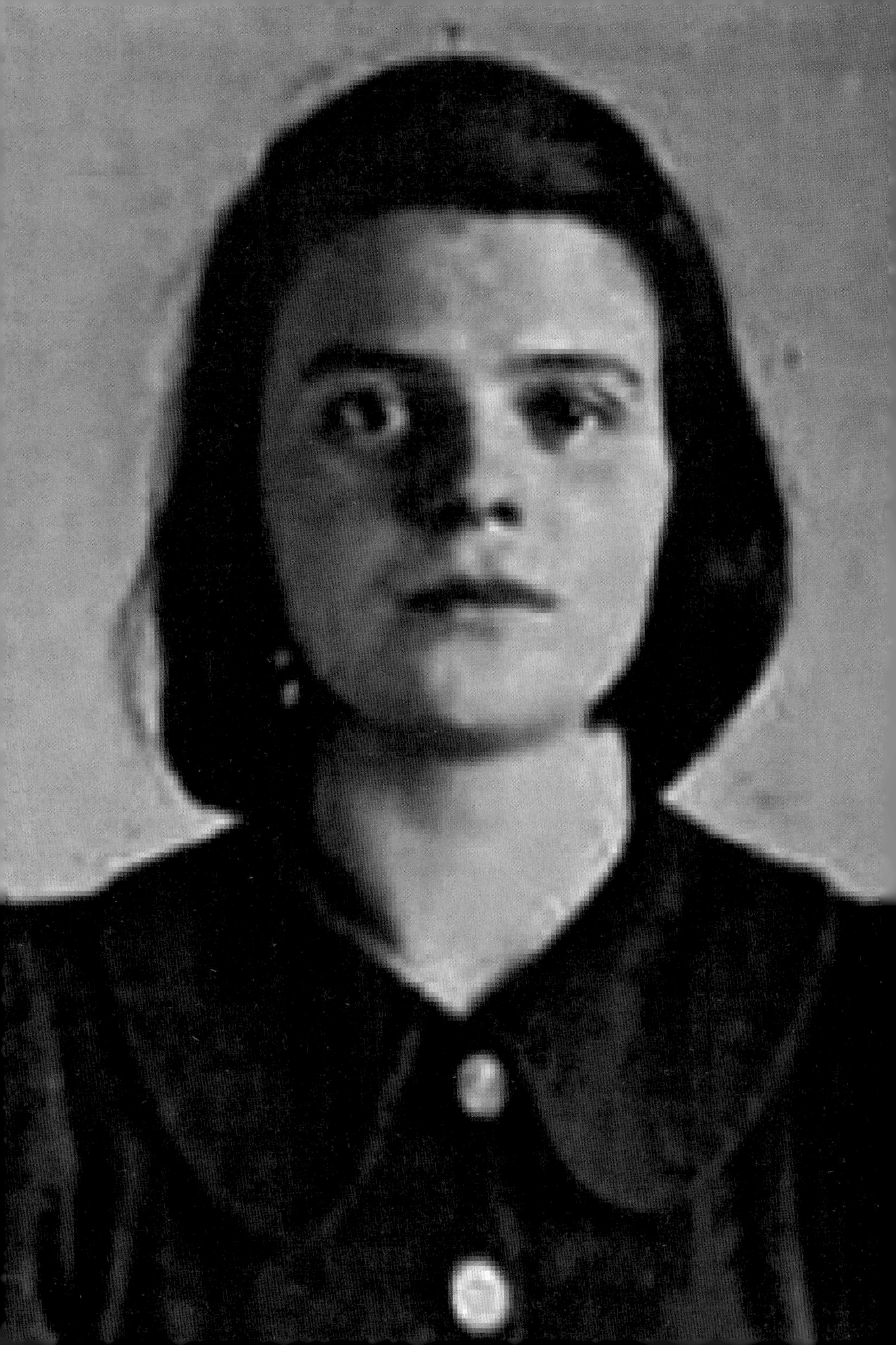

Individualistin

Ihr Mut kostete sie das Leben

Sophie ist empört: Sie darf immer noch nicht studieren! Wütend schreibt sie ihrem Bruder Hans, der um ihre Pläne, in München die Ludwig-Maximilians-Universität zu besuchen, weiß: „Ich werde ein altes Weib bis ich zu studieren anfangen kann. – Aber so schnell gebe ich den Kampf nicht auf. Lieber esse ich Gift." Doch darauf verzichtet Sophie zum Glück und sie vermag es sogar, innere Kraft aus der erneuten Verschiebung ihrer Pläne zu ziehen: „Aber seltsam, jetzt erst spüre ich so recht, daß mich nichts zwingen wird, ein herrliches Stärkegefühl habe ich manchmal."

Dass sich Sophie einmal mit aller Macht gegen das NS-System stellen wird, ist zunächst nicht absehbar, denn als Zwölfjährige kann sie es kaum abwarten, endlich auch zum Jungmädelbund gehen zu dürfen. Sehr zum Leidwesen ihrer Eltern, die dem Nationalsozialismus äußerst skeptisch gegenüberstehen. Sie bieten ihren fünf Kindern ein Zuhause in Forchtenberg, das geprägt ist von christlich-humanistischen Werten sowie der Liebe zu Kunst, Kultur und Natur. „Der überzeugte Pazifist und die gläubige Protestantin nehmen es zähneknirschend hin, dass ihre Kinder allesamt begeistert in der Hitlerjugend mitmachen", erläutert die Vorsitzende der Weißen Rose Stiftung, Dr. Hildegard Kronawitter.

Sophie eifert ihren Geschwistern nach und will nicht nur teil-, sondern auch Verantwortung übernehmen. Sie wird Gruppenführerin und ist für viele Mädchen verantwortlich. Dabei genießt Sophie die Freiheit und Kameradschaft, die sie bei den Ausflügen erlebt. Sollte eines ihrer Mädchen schwänzen, geht sie hart mit ihr ins Gericht, lässt sogar einmal fehlende

Dieses Foto hatte die Gestapo am Tag der Verhaftung von Sophie Scholl am 18. Februar 1943 aufgenommen.

junge Damen von einem Polizisten suchen. Bei aller Begeisterung wundert sie sich dennoch lautstark darüber, warum ihre jüdische Klassenkameradin nicht ebenfalls bei den BDM-Ausflügen dabei sein darf, sie aber trotz ihrer dunklen Haare als Arierin gilt und die andere nicht.

1937 wird Sophies Bruder Hans verhaftet, weil er verbotene Lieder gesungen und seiner Gruppe aus den Büchern von Stefan Zweig vorgelesen hat. „Ihre Liebe zur Literatur entfernt sie weiter von den Nationalsozialisten", erläutert die Stiftungsvorsitzende. 1938 verliert Sophie ihr Amt als BDM-Gruppenführerin, nachdem sie Heinrich Heine als lesenswerten Schriftsteller verteidigt und sogar noch einen draufsetzt: „Wer Heinrich Heine nicht kennt, kennt die deutsche Literatur nicht."

In der LMU München erinnert die Büste an Sophie Scholl und an die Gruppierung der Weißen Rose.

In den folgenden Jahren distanziert sich Sophie immer weiter von der Ideologie des NS-Staates und seinem Motto *Du bist nichts, Dein Volk ist alles.*

Nach ihrem Abitur im Jahr 1940 beginnt sie eine Ausbildung zur Erzieherin, denn dadurch, so hofft sie, müsse sie keinen Reichsarbeitsdienst leisten und könne ein Jahr später anfangen zu studieren. „Mitte März 1941 hat Sophie die Abschlussprüfung im Fröbelseminar abgelegt", berichtet Hildegard Kronawitter. Auch ein zweiwöchiges Pflichtpraktikum in einem Ulmer Säuglingsheim absolviert die gebürtige Forchtenbergerin in der Hoffnung, ihr Studium aufnehmen zu können. „Das könnte auch der Grund dafür gewesen sein, dass sie mit fast 20 Jahren noch zu den Heimabenden des BDM ging, um nicht zusätzlich unangenehm aufzufallen. Ihre Familie hatte ja bereits Ärger mit der Gestapo", mutmaßt Maren Gottschalk über Sophies Beweggründe in ihrer Biografie *Wie schwer ein Menschenleben wiegt.* Ihre Hoffnungen zerschlagen sich jedoch, sie wird gemustert und tritt am 6. April im Lager Krauchenwies bei Sigmaringen ihren sechsmonatigen Reichsarbeitsdienst (RAD) an. Am 22. Juni 1941 werden die Radioprogramme für eine Sondermeldung unterbrochen: Der Krieg gegen die Sowjetunion hat begonnen. Mit dem *Unternehmen Barbarossa* marschieren drei Millionen Wehrmachtssoldaten samt 500.000 Pferden sowie 600.000 Kraftwagen und 3.350 Panzer gen Moskau.

Als Sophie die Hälfte des Reichsarbeitsdienstes hinter sich gebracht hat, erreicht sie die eingangs erwähnte Hiobsbotschaft: Nach dem RAD muss sie noch einmal sechs weitere Monate ableisten, dieses Mal im Kriegshilfsdienst. Die Familie versucht dagegen vorzugehen, scheitert jedoch. Im August 1941 berichtet Sophies Mutter in einem Brief an Hans von den Beobachtungen eines Russlandheimkehrers über die Ermordung Tausender Juden hinter der Ostfront: „Er erzählte, dass sie 14 Tage lang in Dünaburg sämtliche Juden umgebracht hätten. Die Erwachsenen, männliche und weibliche, wurden alle erschossen, die Kinder bekamen Spritzen."

Zwei Monate später tritt Sophie ihren Kriegshilfsdienst in Blumberg an und leitet dort den Kindergarten der Nationalsozialistischen Volkswohlfahrt. „In dieser Zeit reist sie immer mal wieder nach Konstanz oder Freiburg, um sich dort mit Fritz Hartnagel – ihrem festen Freund – zu treffen", erzählt die Vorsitzende der Weißen Rose Stiftung. Nachdem sie ihren Dienst abgeleistet hat, zieht sie zunächst wieder nach Hause, ehe sie sich endlich in München zum Studium der Biologie und Philosophie einfinden kann. Die Freunde um Hans nehmen die kleine Schwester herzlich auf. „Doch Sophie braucht etwas Zeit, bevor sie sich dem Kreis um ihren Bruder herum wirklich öffnet", sagt Hildegard Kronawitter. Im Juli 1942 bezieht Sophie voller Stolz ihr erstes eigenes Studentenzimmer in der Mandlstraße. In München genießt sie ihr Leben, ihre Freiheit. Neben vielen Ausflügen und Treffen mit Gleichgesinnten wird das Studium Nebensache. Doch die Schrecken des Krieges und die düsteren Zukunftsaussichten trüben Sophies Stimmungslage. „Das Münchner Leben der jungen Studentin war ein ständiges Wechselbad zwischen sorglosen Zerstreuungen und tieftraurigen Phasen", fasst es ihre Biografin Maren Gottschalk zusammen. Als Fritz Hartnagel nach Stalingrad aufbrechen muss, kann er sich nicht von Sophie in München verabschieden. Aber er schreibt ihr über die Gräueltaten der Wehrmacht: „Es ist erschreckend, mit welcher zynischen Kaltschnäuzigkeit mein Kommandeur von der Abschlachtung sämtlicher Juden des besetzten Rußlands erzählt und dabei von der Gerechtigkeit dieser Handlungsweise vollkommen überzeugt ist."

Sophie lässt Hans und seinen Freunden die Informationen von Fritz zukommen. Sie ist mittlerweile ebenso wie ihr Bruder davon überzeugt, dass der Krieg für Deutschland verloren sei und das jedes Leben, das für diesen verlorenen Krieg geopfert würde, umsonst sei.

„Wann genau sich Sophie für den aktiven Widerstand entscheidet, lässt sich nicht hundertprozentig belegen", sagt Hildegard Kronawitter. „Fest steht aber, dass sie ab Herbst 1942 eine tragende Rolle in der Weißen Rose spielt." Die ersten vier Flugblätter wenden sich an die „Deutsche Intelligenz" und werden im Sommer 1942 verfasst, vervielfältigt und versendet. Für das fünfte Flugblatt organisiert Sophie Briefmarken, Umschläge sowie Papier und hilft mit, es auch außerhalb Münchens zu verteilen.

Die Verteilung des sechsten Flugblatts an der Universität übernimmt sie gemeinsam mit ihrem Bruder. Bewaffnet mit einem Koffer und über 1.000 Flugblättern huschen sie am Morgen des 18. Februar 1943 während der Vorlesungszeit durch die Flure ihrer Alma Mata und legen diese vor Vorlesungssälen und auf Treppen ab. Sie haben an jenem Donnerstag die Ludwig-Maximilians-Universität bereits verlassen, als sie bemerken, dass noch einige Flugblätter im Koffer verblieben sind. „Um nicht aufzufliegen oder gar damit erwischt zu werden, gehen sie zurück in die Universität", berichtet die Münchnerin. Sophie stupst den Stapel Blätter, den sie auf einer Balustrade abgelegt hat, an und blickt den sanft hinabgleitenden Papieren im Lichthof der Münchner Universität hinterher. Nicht ahnend, dass sie sich und ihren älteren Bruder damit in allerhöchste Gefahr bringt.

Ihr Tun bleibt nicht unbemerkt, der Hörsaaldiener Jakob Schmid entdeckt die beiden, packt Hans am Arm und sagt: „Ich verhafte Sie!" An Flucht ist nicht zu denken, damit hätte sich das Geschwisterpaar erst recht verdächtig gemacht. Hans begehrt auf, doch Schmid geht nicht darauf ein, sondern bringt sie erst zum Hausverwalter und dann zum Universitätssyndikus Haeffner. Hans versucht den Entwurf eines weiteren Flugblatts, das Christoph Probst ihm zwei Wochen zuvor gegeben hat, verschwinden zu lassen, indem er es unauffällig in Schnipsel reißt. Der Hausmeister jedoch sammelt diese auf und übergibt sie der Gestapo, die wenig später eintrifft. Kriminalsekretär Robert Mohr lässt die beiden Geschwister abführen. „Nach einem Tag gestehen Sophie und Hans. Da dem Geschwisterpaar klar ist, dass sie sich nicht mehr retten können, versuchen sie die Schuld auf sich allein zu nehmen, um so die restlichen Mitglieder der Weißen Rose und ihre Freunde zu schützen", erzählt Hildegard Kronawetter.

Am Sonntag wird den Geschwistern die Anklageschrift vorgelegt und nur vier Tage nach ihrer Verhaftung findet bereits der Prozess statt. Neben den Geschwistern Scholl muss sich auch Christoph Probst vor Gericht verantworten, denn den Beamten war es gelungen, die Papierschnipsel wieder zusammenzusetzen. Alle drei werden wegen „landesverräterischer Feindbegünstigung, Vorbereitung zum Hochverrat [und] Wehrkraftzersetzung" zum Tode verurteilt. Ein eilig gestelltes Gnadengesuch wird abgelehnt und das Urteil noch am selben Abend mittels Guillotine vollstreckt. Das sechste und letzte Flugblatt gelangt nach dem Tod der Drei ins Ausland und wird im Herbst 1943 mittels britischer Flugzeuge über ganz Deutschland abgeworfen.

Melanie Kunze

Erinnerungsorte:

Vor der Ludwig-Maximilians-Universität in München gibt es ein Mahnmal, das an die Weiße Rose und an Sophie Scholl erinnert.

Die „Skandalgräfin"

Mittelpunkt der Münchner Bohème

Es ist Fannys sechster Geburtstag. In den Hosen ihres Bruders kommt sie aus ihrem Zimmer in den Saal gelaufen und eröffnet der Familie, dass sie nun ein Junge sei. Unter Gelächter wird sie zurechtgewiesen: „Fanny, du bist und bleibst ein Mädchen." Die Enttäuschung ist unendlich groß. „Fanny zu Reventlow hat davon geträumt, ein Junge zu sein. Sie dachte, an ihrem sechsten Geburtstag wird sie ein Bub", erklärt Brigitte Raab-Lucke. Die Gründe liegen nicht darin, sich mit dem weiblichen Geschlecht zu identifizieren, sie kann und will die gesellschaftlichen Nachteile als Mädchen nicht begreifen – und schon gar nicht akzeptieren. Denn das am 18. Mai 1871 in Husum in den preußischen Landadel geborene Mädchen findet sich inmitten des Spießbürgertums des Deutschen Kaiserreiches wieder.

„Die kleine Fanny soll mit Spitzenkleidchen im Schloss sitzen und sticken", fährt die Gästeführerin fort. „Sie hat nie eingesehen, warum sie als Mädchen anders behandelt werden sollte." Daher unternimmt sie viel mit ihren männlichen Geschwistern, vor allem ihrem jüngeren Bruder Karl, klettert auf Bäume, sucht das Abenteuer. „Einmal verlässt sie sogar das Schlossgelände, um einen Jahrmarkt zu besuchen. Was sie dort sieht, ist für sie der Inbegriff der Freiheit: Die Schindelwagen, die Seiltänzer, die Unabhängigkeit – sie will frei sein wie das fahrende Volk!" Ein Vorhaben, das überhaupt nicht im Sinn der Mutter ist. Diese begegnet Fanny mit kühler Distanz, Strenge und der Sprache der Gewalt. Wie so oft verprügelt sie die kleine Fanny nach ihrem Ausflug. „Sie hat die Mutterliebe nie kennengelernt", sagt „Stadtspürerin" Brigitte Raab-Lucke.

Franziska „Fanny" von Reventlow war eine außergewöhnlich hübsche Frau, die sich in Szene zu setzen wusste.

Um die Tochter in das gesellschaftliche Korsett zu zwingen, schickt sie Fanny mit 15 Jahren in eine höhere Mädchenanstalt. „Eine Institution, die man heute als ‚Bootcamp' bezeichnen würde. Doch Fanny war nicht zu bremsen." Nach einem Jahr wird sie von dem Pensionat ausgeschlossen.

Nach der Pensionierung des Vaters, der Landrat gewesen war, zieht die Familie 1889 nach Lübeck. Dort kann sie ihren Vater überzeugen, dass sie eine Ausbildung zur Lehrerin machen darf. In der Hansestadt wird ihr allerdings bewusst, dass sie mit ihrem Gedankengut nicht allein ist: Ihr Bruder Karl nimmt sie heimlich mit in den literarischen „Ibsen-Club", wo sie neben anderen Werken in Kontakt mit den Schriften des norwegischen Dramatikers Henrik Ibsen kommt. Mädchen haben in dem literarischen Zirkel eigentlich nichts zu suchen, – doch Fanny ist dort genau richtig: „Es war wie eine Art Erweckung für sie: Die Rolle der Frau zu hinterfragen, auszubrechen aus den Erwartungen, eine treusorgende Ehefrau und Mutter von Kindern zu werden, welche wiederum zu einem in ihren Augen – trostlosen – Leben erzogen werden würden. Ein solches Szenario war für sie völlig undenkbar!" Sie beginnt eine Brieffreundschaft mit Emanuel Fehling, einem Mitschüler ihres Bruders. Mit ihm tauscht sie sich über die Werke berühmter Schriftsteller, vor allem Friedrich Nietzsche, aus. Doch Fannys Mutter entdeckt die Briefe. Ein Skandal! Fanny wird 1892 nach Adelby bei Flensburg zu einer Pastorenfamilie geschickt, um „Moral und Haushalt" zu lernen. Denn bei „mustergültigem Betragen beiderseits und nach einer

Stadtführerin Brigitte Raab-Lucke ist selbst eine Verehrerin der „Skandalgräfin".

Bewährungsfrist von sieben Jahren darf das Paar davon ausgehen, dass ihm voraussichtlich gestattet wird zu heiraten", schildert Kerstin Decker in der Biografie *Franziska zu Reventlow* die Ereignisse. Nicht, dass das im Sinne Fannys gewesen wäre …

„Angekommen in Adelby war Fannys erster Gedanke: Flucht", erklärt die Gästeführerin. Zwar ist sie mit ihren 21 Jahren volljährig, jedoch von den Eltern finanziell abhängig – und somit nicht frei. Zunächst wahrt sie den Schein, plant im Stillen ihr Entkommen aus dem „ländlichen Exil". Nach etwa einem halben Jahr, am 1. April 1893, ist es so weit: „Im kühlen Morgengrauen ließ sie ihren Koffer an einem Seil herunter, schlich sich aus dem Pfarrhaus und floh über die Felder zum Bahnhof. Von dort reiste sie zu einer Freundin aus Seminarzeiten nach Hamburg", sagt Brigitte Raab-Lucke. Vergeblich versucht sie, eine Anstellung als Lehrerin zu finden. Es bleibt jedoch ihr innigster Wunsch, Malerin zu werden. Wenige Zeit später lernt sie einen Mann kennen, der ihr diesen Traum scheinbar erfüllen kann: den jungen Gerichtsassessor Walter Lübcke. „Er verliebt sich wahnsinnig in sie und macht ihr einen Vorschlag: Wenn sich Fanny mit ihm verlobt, bezahlt er ihr ein Jahr Ausbildung in München. Danach müsse sie zurück nach Hamburg und ihn heiraten." Fanny stimmt zu, empfindet sie doch ebenfalls eine liebevolle Wertschätzung ihm gegenüber. Sie geht – wie zu der Zeit alle Kunstschaffenden – nach Schwabing. „Das Erste, was sie an diesem Tag abends in ihr Tagebuch schreibt, sind drei Worte", fährt die Münchnerin fort und zitiert: „Frei, so frei."

Ihre Beziehung mit Walter Lübcke wird nicht funktionieren, ahnt Fanny, denn die Ungebundenheit begleitet stets ihr Leben: „Auch habe ich nie das Verlangen gehabt, einen Menschen ganz zu ‚besitzen' oder ihn über Gebühr festzuhalten. Dazu ist das Leben zu kurz. Und wer mich festhalten wollte – es kam hier und da vor –, ist niemals sehr zufrieden mit dem Erfolg gewesen", zitiert Brigitte Raab-Lucke ihre Worte. Während Fannys Zeit in München lernt sie den Maler Adolf Erstein kennen, beginnt mit ihm eine Liebesbeziehung – und wird von Erstein schwanger. Sie leidet unter der Situation, will es Lübcke gestehen, doch weiß sie nicht wie. Fanny ist verzweifelt. Der Vater des Kindes kann sie überzeugen, Walter Lübcke zu heiraten, nachdem sie einen Suizidversuch geplant hatte. Aus Vernunftgründen heiratet sie ihn daher am 22. Mai 1894 – und verschweigt ihre Schwangerschaft. Wenige Wochen später folgt das Unglück: Sie verliert ihr ungeborenes Kind. Ihr frisch Angetrauter erfährt nichts von ihrer Fehlgeburt. Doch: Fanny wird zum Schatten ihrer selbst. Daher erlaubt Walter Lübcke ihr, erneut für ein Jahr nach München zu gehen und dort ihrer Leidenschaft, dem Malen, nachzugehen. Schuldgefühle quälen Fanny noch immer. Ein Jahr später, bei einem Urlaub am Ende ihres Aufenthaltes in München, gesteht sie ihrem Mann alles – und er kann ihr nicht verzeihen. Die Kluft zwischen beiden erwies sich als zu groß. „Jetzt wurde sie endgültig von ihrer Familie verstoßen. Nach ihrer Flucht aus dem Pastorenheim, hatte die Familie die Hoffnung gehegt, Fanny könne mit Lübcke ‚normal' werden."

Auf sich allein gestellt findet sich Fanny in der Isarstadt wieder, die Malerei muss sie aus Geldmangel aufgeben. „Jetzt fängt ihre prägende Zeit in München an", verkündet die Gästeführerin. „Sie verfasst ihre ersten Publikationen im *Simplicissimus* und widmet sich verstärkt dem Schreiben." Doch sie lebt weiterhin mittellos, krank von den Folgen der Fehlgeburt. Im Salon der „Madame X", in dem sich die feinere Gesellschaft wiederfindet, verdient sie ihr Geld als Prostituierte. „Die Bordellbetreiberin bescheinigt ihr eine natürliche Begabung, aber keinen Geschäftssinn", merkt Brigitte Raab-Lucke an. Fanny kämpft sich mit allen möglichen Jobs durch, landet wiederholt im Krankenhaus. Sie ist verschuldet und mittellos und so wird sie immer wieder aus ihren Wohnungen geworfen. Doch ein Lichtblick kündigt sich an: Im Jahr 1897 ist sie erneut schwanger und ihr Sohn Rolf kommt zur Welt. Nur ihm gegenüber wird Fanny beständige, immerwährende Liebe empfinden. Sie blüht in der Rolle als Mutter auf.

„Die Gräfin und ihr Kind" wird Fanny zu Reventlow genannt. „Sie wird zur Übermutter, tut alles für ihr Bübchen, arbeitet als Versicherungsagentin, nimmt Schauspielunterricht und schreibt sich die Finger wund", sagt Brigitte Raab-Lucke. Während sie das Konzept der Ehe und Monogamie ablehnt, findet Fanny Gefallen an der Mutterschaft. „Fanny wird zum Mittelpunkt der Münchner Bohème, als intelligente und bildhübsche Frau, die frei sein will, die Größe vermittelt", erklärt die Münchnerin. Eine Frau, die nicht festzuhalten sei und sich Gedanken mache über die Welt. „Von der Intellektuellengruppe der ‚Kosmiker' wird sie als heidnische Madonna verehrt, als moderne Hetäre, als holsteinische Venus." Ihre Begegnungen mit den Kosmikern verarbeitet sie später in ihrem 1913 erschienen Roman *Herrn Dames Aufzeichnungen*. Darin finden sich auch Beschreibungen über den Stadtteil Schwabing, der laut Fanny „kein Ort, sondern ein Zustand war". Auch Brigitte Raab-Lucke, die von der Zeit um 1900 fasziniert ist, beschreibt Schwabing als eine Richtung, eine Bewegung, einen Kult. „Wer Schwabing verstehen will, muss ihre Aufzeichnung zum Fasching im Jahr 1903 lesen", merkt die ehemalige Lehrerin an. „Der Fasching muss der Höhepunkt des Jahres gewesen sein, die Feste dauerten drei bis vier Tage. Zu diesem Zeitpunkt wohnt Fanny in einer Kommune in der Kaulbachstraße, bereits über 60 Jahre vor Uschi Obermeier und Rainer Langhals." Fanny verbringt dort drei Jahre, hat immer wieder Liebschaften mit Männern und durchlebt Schwangerschaften mit Fehlgeburten. Viele Männer können allerdings nicht verstehen, dass sie ungebunden bleiben möchte, werden eifersüchtig. „Fanny hätte durchaus auch ein angenehmes Dasein führen können, ja sogar in Luxus, aber dann wäre es nicht ihr Leben gewesen", merkt die Stadtführerin an.

„Wer Schwabing verstehen will, muss ihre Aufzeichnung zum Fasching im Jahr 1903 lesen."

Als die Kommune im Jahr 1907 zerbricht, leidet Fanny erneut unter ihrer Mittellosigkeit. Daher rät ihr ein Freund, in die Schweiz zu gehen. Dieser kenne dort den baltischen Baron Alexander von Rechenberg-Linten, der eine adäquate Ehe eingehen müsse, um sein Erbe zu erhalten: Sie könne diesen doch in einer Scheinehe heiraten. „Fanny soll daraufhin erwidert haben: ‚Rechenberg. Naja, dann brauche ich mein Monogramm nicht zu ändern'. Daraufhin ist sie nach Ascona gezogen", sagt Brigitte Raab-Lucke. „Doch ihr Schwiegervater war nicht dumm. Er merkte, dass es eine Scheinehe war. Daher setzte er nach dessen Tod seinen Sohn nicht als Erben ein und er erhielt nur den Pflichtteil, von dem Fanny die versprochene Hälfte zugewiesen wurde." Dennoch war es viel Geld, vor allem für eine Frau, die sonst kaum etwas besessen hatte. Einen Teil des Vermögens erhält sie sofort ausbezahlt, der Rest liegt in Aktien vor, welches sie durch den Bankenkrach 1914 verliert. „Sie nahm es stoisch hin. Immerhin konnte sie von dem zuvor ausgezahlten Geld ihre Schulden bezahlen, sich neu einkleiden und mit ihrem Sohn Rolf nach Mallorca reisen.“ Es wird ruhiger um Fanny, sie zieht nach Locarno.

Im Jahr 1916 erlebt sie einen Tiefpunkt, als Rolf, der – wie sie selbst auch – Pazifist war, eingezogen wird. Um zu verhindern, dass er zurück an die Front muss, desertiert er während seines Heimaturlaubs und gelangt in einer abenteuerlichen Flucht über den Bodensee auf die Schweizer Seite. Gemeinsam verbringen sie dort die nächsten Jahre, ihr Sohn findet Arbeit in der Schweiz, Fanny eine feste Anstellung. Und ihr neuer Job ist ebenso aufregend und ungewöhnlich wie die selbstbestimmte Frau selbst: Sie arbeitet als Lockvogel in Locarno. „Gut gekleidet verspielte sie im Casino freudestrahlend große Summen, um Männer anzulocken. Die Einsätze waren nie so hoch wie in jener Zeit. Die Gewinne musste sie natürlich zurückgeben und die Verluste wurden ihr erstattet.“ Fanny ist glücklich. Doch die nächste Tragödie folgt wenig später, am 26. Juni 1918.

„Fanny war mit dem Rad unterwegs – das hatte sie auch in Schwabing schon gerne gemacht – und stürzte dabei schwer. Während der Notoperation im Krankenhaus verstarb sie.“ Fanny zu Reventlow wird 48 Jahre alt – und existiert genauso lange wie das Deutsche Kaiserreich, dessen Doppelmoral und Strenge sie immer abgelehnt hatte.

„Ich liebe, ich verehre diese Frau“, schwärmt Brigitte Raab-Lucke von der willensstarken und selbstbestimmten Münchnerin. Eben jene Frau, die als Kind lieber ein Junge gewesen wäre, um dem Korsett der gesellschaftlichen Verpflichtungen zu entfliehen und es als Erwachsene geschafft hat, die Ketten dieser Konventionen selbst zu sprengen.

Annika Stahl

Erinnerungsorte:

An Franziska zu Reventlow erinnert in Schwabing eine Gedenktafel in der Leopoldstraße 41 sowie die nach ihr benannte Reventlowstraße.

Ihre traurige Kindheit und die bescheidenen Lebensumstände verarbeitete sie in mehreren Romanen, die ein einzigartiges Bild über die damalige Zeit vermitteln.

Hassliebe

Ludwig Thomas' weibliches Pendant

Viel Glück hatte Lena Christ nicht in ihrem Leben, das am 30. Oktober 1881 im oberbayerischen Glonn begann. Sie erblickt als uneheliches Kind der Köchin Magdalena Pichler das Licht der Welt und lebt zunächst auf dem Kleinhäuslerhof der

Großeltern. „Liebevoll kümmert sich der Bauer Mathias Pichler mit seiner Frau in den ersten sieben Lebensjahren um die Enkelin", erzählt Dr. Simone Egger, die sich im Rahmen ihrer Mitarbeit beim Literaturarchiv *Monacensia* eingehend mit dem Schicksal der späteren Schriftstellerin befasst hat. Als Vater der kleinen Lena wird Carl Christ angegeben, ein Bediensteter des Rittmeisters Hornig aus München. Die Eltern sollen sich bei einem Manöver auf Schloss Zinneberg kennengelernt haben. Doch die hohe Mitgift, die die Familie Pichler erhält, lässt Fragen nach der wahren Vaterschaft offen. „Hinzu kommt, dass die Geschichte, die man Lena erzählt, ihr Vater sei beim Untergang des Passagierschiffs Cimbria 1883 ums Leben gekommen, einer Überprüfung nicht standhält", erläutert Simone Egger.

Als die Mutter erneut heiratet, holt sie – gegen den ausdrücklichen Willen Mathias Pichlers –Lena im Jahr 1888 nach München. Das kleine Mädchen muss nicht nur den Verlust seiner Großeltern verkraften, sondern sich auch mit einer Mutter auseinandersetzen, die sie bis dahin nur einmal gesehen hatte. Lena wird dazu verpflichtet, in der elterlichen Gaststätte Schwerstarbeit zu leisten. Obwohl die Mutter ihre Tochter immer wieder demütigt und ihr mit brutaler Gewalt begegnet, verbindet das Kind eine Hassliebe mit der Mutter. Als sie die Misshandlungen nicht mehr länger erträgt, kehrt sie 1892 zu ihren Großeltern zurück. Allerdings nur für ein Jahr, dann geht Lena zurück zu ihrer Mutter, in der Hoffnung das nun alles besser wird. „Kaum wieder in München angekommen, geht die Tortur für Lena unerbittlich weiter", schildert Simone Egger. Als dann auch noch 1894 der von ihr über alles geliebte Großvater stirbt, sieht Lena keinen Sinn mehr im Leben und unternimmt einen Suizidversuch. „Um ihrem Martyrium zu entkommen, tritt Lena Christ im Alter von 17 Jahren schließlich als Novizin ins schwäbische Kloster Ursberg ein." Nach einem Besuch der Mutter fasst die junge Frau jedoch den Entschluss zur Rückkehr in die Münchner Maxvorstadt.

Da die Misshandlungen nicht aufhören und Lena weiterhin von der Mutter gequält und geschlagen wird, hofft sie, ihrem Schicksal durch Heirat zu entkommen. Mit gerade einmal zwanzig Jahren wird sie die Frau eines Buchhalters aus der Nachbarschaft. Lena entscheidet sich aus Vernunftgründen für diese Verbindung. 1902 wird sie das erste Mal Mutter und ein Jahr später kommt nach Anton schon die kleine Tochter Magdalena auf die Welt. „Die Ehe endet allerdings tragisch", erzählt die Münchnerin. „Anton Leix trinkt, wird gewalttätig und verspekuliert obendrein die Mitgift." Hinzu kommt, dass die kleine Familie aus der Wohnung bei den Schwiegereltern ausziehen muss. „Der soziale Abstieg schreitet immer rascher voran, die Familie zieht von Wohnung zu Wohnung, während die Schulden wachsen", fasst Simone Egger die schlechte Lage, in der sich Lena befindet, zusammen. Sie wird erneut schwanger und bringt 1906 eine weitere Tochter zur Welt. Als sie sich 1909 von ihrem Mann trennt, bleiben die beiden Töchter Magdalena und Alexandra Eugenie bei ihr. Ihrem Sohn hingegen muss sie auf immer Lebewohl sagen, nachdem dieser bei den Großeltern des Vaters aufwächst und sie keinerlei Kontakt mehr mit ihm haben wird.

Diese Fotografie von Lena Christ wurde um das Jahr 1898 aufgenommen.

Durch Schreibarbeiten versucht Lena sich und die beiden Mädchen nun mehr schlecht als recht durchzubringen. In Haidhausen ist sie gezwungen, kostenlos in Neubauten zu logieren und diese trockenzuwohnen. „Während der Industrialisierung und der Gründerzeit lebten Menschen mietfrei in Wohngebäuden, deren Wände noch nicht ausreichend getrocknet waren", erläutert die Doktorin für Volkskunde und Bayerische Geschichte. „Durch die Atemluft wurde zwar der Trocknungsprozess chemisch beschleunigt, aber die permanente Feuchtigkeit begünstigte die Entstehung von Atemwegskrankheiten und Erkältungen." Und so erkrankt Lena im Folgejahr schwer an einer Lungenentzündung und muss ins Krankenhaus. Da sie auch im Verdacht steht, sich gelegentlich zu prostituieren, werden ihr die Töchter weggenommen und in einem katholischen Kinderheim untergebracht. Nach verschiedenen Tätigkeiten findet Lena Christ 1911 eine Stelle als Diktatschreiberin bei dem Schriftsteller Peter Jerusalem, der später als Peter Benedix bekannt wurde. „Nach einem Jahr heiratet sie ihn und holt ihre beiden Töchter zurück nach München", erzählt Simone Egger weiter. „Peter ermutigt seine Frau, die Eindrücke und Erfahrungen ihres bisherigen Lebens niederzuschreiben."

Eines Tages, als sie auf einer Parkbank vor der Neuen Pinakothek auf ihren Mann wartet, greift sie zum Stift und beginnt zu schreiben. Dank der Unterstützung des Schriftstellers Ludwig Thoma kann sie ihr autobiografisches Werk *Erinnerungen einer Überflüssigen* beim Verlag Albert Langen unterbringen. Als das Buch 1912 erscheint, ist die Kritik gespalten. Ein Jahr später folgen die *Lausdirndlgeschichten* und wiederum ein Jahr später der Roman *Mathias Bichler*, den sie ihrem Großvater widmet. „Ein erster wirtschaftlicher Erfolg werden die patriotischen Kriegsgeschichten *Unsere Bayern anno 1914/15*", berichtet Simone Egger.

Selbst der bayerische König Ludwig III. wird auf die „Militärschriftstellerin" aufmerksam und lädt Lena zum Essen ein. Als 1915 Peter Benedix einberufen wird, arbeitet Lena an einem weiteren Buch. „Der Roman *Die Rumplhanni – eine Erzählung* erscheint 1916 und wird von der Kritik bejubelt", erzählt die Münchnerin. Lena Christ suchte zunächst immer wieder die Nähe zu ihrem Mann und zieht sogar in die Reichweite seines Regiments nach Landshut. Als er 1918 an die Front muss, hat Lena in seiner Abwesenheit allerdings eine Affäre mit dem Sänger Ludwig Schmidt, der sich als in Italien geborener Sohn deutscher Eltern den Künstlernamen Ludovico Fabbri gibt. „Zu diesem Zeitpunkt ist die Ehe mit Peter Benedix bereits in die Brüche gegangen. Die beiden trennen sich 1919. Doch auch die Beziehung mit Ludovico scheitert", fasst die Historikerin das Ende der Liasionen zusammen.

Für Lena Christ bleibt die wirtschaftliche Situation angespannt. Der Roman *Madam Bäuerin* erscheint zwar 1920 und auch diverse Artikel in Zeitschriften bringen ihr etwas Geld ein, doch immer wieder ist sie auf die Unterstützung durch Stiftungen angewiesen. „Unter ständiger Geldnot leidend, ‚adelt' die Dichterin einige wertlose Bilder aus ihrem Besitz mit der Signatur bedeutender Maler", beschreibt Simone Egger ihr aus der Not geborenes betrügerisches Vorgehen. Doch Lena fliegt auf und sie hat keine finanziellen Möglichkeiten, das Geld aus dem Verkauf zurückzuzahlen. Die Autorin kann der Anklage nicht entgehen, in der Presse wird jetzt von der „Bilderfälscherin" Lena Christ geschrieben.

„Die Schriftstellerin sieht sich in einer ausweglosen Situation", beginnt Simone Egger über die letzten Tage der Lena Christ zu erzählen. „Am 30. Juni 1920 vergiftet sie sich auf dem Waldfriedhof mit Zyankali, das Peter Benedix für sie besorgt hat." Einen Tag zuvor hat Lena mehrere Abschiedsbriefe geschrieben, einen davon richtet sie an Ludwig Thoma: „Sehr verehrter Herr Doktor, wenn Sie diese Zeilen lesen, bin ich nicht mehr am Leben. Ich habe meinen Fehltritt freiwillig mit dem Opfer meines Lebens gesühnt, damit die Ehre meiner Kinder bewahrt bleibt. Bitte, bewahren Sie der Frau, die gleich Ihnen Bauerntum studierte, liebte, und beschrieb, ein gutes Andenken. Und wenn Sie können, helfen sie zwei armen Kindern zulieb zur Ehrenrettung durch ein Wort an die, die mich verstehen. Leben Sie wohl verehrter Gönner! Ihre unglückliche Lena Christ." In nur acht Jahren hat Lena Christ drei bleibende Werke geschaffen, die einen tiefen Einblick in das Leben der Arbeiterklasse, der Dienstboten und der Landbevölkerung zu Beginn des 20. Jahrhunderts geben.

Melanie Kunze

Erinnerungsorte:

Seit 2000 steht eine vom Bildhauer Martin Kargruber geschaffene Büste der Lena Christ in der Ruhmeshalle in München.

Wer einmal lügt, …

Finanzbetrug mit Schneeballsystem

Das Angebot ist einfach zu verlockend: Bei einer Investition von hundert Gulden käme ein Gewinn von zehn Gulden zustande – und das innerhalb eines Monats! Es klingt fast *zu* gut. Trotzdem gelingt es Adele Spitzeder, die Leichtgläubigen, Verzweifelten oder Habgierigen um den Finger zu wickeln. Während sie die einen mit ihrer herrischen Art überzeugt, gewinnt sie das Vertrauen der anderen durch ihr frommes Auftreten und ihre vorgebliche Spendenbereitschaft. So investieren zuerst Hunderte, dann Tausende Menschen in die von ihr gegründete Privatbank. Skeptische Münchner kommen ihr jedoch auf die Schliche …

„Vielleicht hat ihre Schauspielausbildung geholfen, die Menschen hinters Licht zu führen", überlegt Christina Hertel von der *Münchner Abendzeitung*, die eigentlich hauptsächlich über Kommunalpolitik schreibt. Denn im Jahr 1856 gibt die in Berlin geborene Adele Spitzeder ihr Debüt als Schauspielerin. Wie ein Star lebt sie in teuren Unterkünften – mit anfallenden Kosten, die sie sich mit ihren Einnahmen gar nicht leisten kann! Verschuldet und auf der Suche nach schnellem Geld findet sie sich in einem Münchner Viertel für Handwerker und Arbeiter wieder, wo ihre Karriere als erfolgreiche Betrügerin ihren Anfang nimmt.

„In der Münchner Au angekommen, begegnete sie einer schwangeren Zimmermannsfrau", erklärt die Journalistin. Die gelernte Schauspielerin weiß genau, welche Worte sie wählen muss, um die Frau für sich zu gewinnen: „Adele Spitzeder schaffte es, die Schwangere zu überzeugen, ihr Geld zu geben." Autor Julian Nebel erklärt in seinem Buch *Adele Spitzeder* wie

Adele Spitzeder bestimmte durch ihr herrisches und frommes Auftreten.

ihre Masche funktioniert hat: Sie verspricht der Zimmermannsfrau bis zu zehn Prozent Zinsen im Monat, die sie ihr – aus reiner Gutmütigkeit und Nächstenliebe natürlich – direkt ausbezahlen könne. Und tatsächlich: Die Frau überlässt ihr 100 Gulden, worauf Adele Spitzeder ihr sofort 20 Gulden „auszahlt“ – entnommen aus den eben geleisteten Einlagen. Da sich das vermeintlich lukrative Geschäft schnell rumspricht, kann Adele Spitzeder mithilfe neuer Einlagen die Zinsen der bestehenden Kunden kontinuierlich auszahlen. „Sie hat den Menschen also hohe Zinsen versprochen und bezahlt, indem sie immer wieder neues Geld geliehen hat. Es sei das klassische Schneeballsystem gewesen.

Diese Fotografie zeigt die junge Adele Spitzeder als Schauspielerin in den frühen 1850er-Jahren.

„Adele Spitzeder dürfte eine sehr faszinierende Frau gewesen sein“, merkt die studierte Theaterwissenschaftlerin an. „Allein schon ihre Erscheinung muss die Menschen beeindruckt haben. Sie besaß mehrere Hunde, die sie immer begleiteten. Für diese Zeit unüblich war auch, dass sie keinen Partner, sondern diverse Lebensgefährtinnen hatte – und außerdem hat sie geraucht.“ Auch wenn sie als Schauspielerin keine Karriere gemacht habe, erklärt Christina Hertel weiter, so müsse sie doch Talent gehabt haben: „Sie schaffte es, das Vertrauen der kleinen Leute zu gewinnen. Einerseits durch ihren derben Ton, andererseits durch ihr frommes Auftreten. Sie konnte mühelos zwischen Dialekt und Hochdeutsch wechseln.“

Adele Spitzeder überzeugt immer mehr Menschen, die Gewinne sind gewaltig. Nachdem sie zuvor in teuren Hotels logiert hatte, kann sie sich nun ein Haus in der Schönfeldstraße leisten, in dem sie auch ihre Privatbank mit mehreren Mitarbeitern einrichtet. „Heutzutage etwas nahe dem Hofgarten zu erwerben, ist quasi unbezahlbar", merkt die Journalistin an, „und schon damals war es eine sehr teure Wohngegend." Doch es ist ein System, das nur funktioniert, wenn der Geldfluss nicht abbricht – oder jemand die Masche durchschaut: Mitarbeiter der *Münchner Neueste Nachrichten* werden auf sie aufmerksam, auch die Polizei hegt im Jahr 1869 Verdacht gegen ihre „Bank der kleinen Leute". Doch es finden sich keine handfesten Beweise. Während skeptische Stimmen sie im Auge behalten, legen die Menschen weiterhin ihr Geld bei der Betrügerin an.

In der 1872 von ihr am Platzl gegründeten *Münchner Volksküche von A. Spitzeder* zeigt sie ihre – vermeintliche – Gutmütigkeit, drückt ihre Nächstenliebe in Spenden an Bedürftige aus. „Das hat alles dazu beigetragen, dass man an den Mythos glauben wollte." Und es sei natürlich schön, ergänzt Christina Hertel, wenn man so viel Geld zurückbekäme. Ein Umstand, der aufkommende Zweifel schnell im Keim ersticken ließ, als das Innenministerium und die Polizei öffentlich vor ihrer Privatbank warnen. Und die Hinweise auf eine Betrugsmasche verdichteten sich weiter: „Wie dunkle Wolken waren im gesamten Jahr 1872 Andeutungen, Geflüster und Warnungen durch die Gassen Münchens gezogen", beschreibt Autor Julian Nebel die Zeit vor Adeles Verhaftung.

„Das hat alles dazu beigetragen, dass man an den Mythos glauben wollte."

Am 12. November 1872 stürmt die Polizei das Gebäude in der Schönfeldstraße. Alles wird beschlagnahmt, der Verdacht auf den Betrug an Zehntausenden Menschen steht im Raum. Laut Spitzeders mündlicher Vermögensaufstellung besitzt sie „1 Million Gulden in Staatspapieren, Juwelen im Wert von 60.000 Gulden, 80.000 Silbergulden und eine Masse von wenig belasteten Häusern." Doch viel mehr findet sich in dem Anwesen: Unmengen an nicht erfassten Wertgegenständen und Münzen. Die Bücher, die sie vorfinden, sind alles, nur keine Zeugnisse sauberer Buchhaltung. Das Ende vom Lied: Haftbefehl. „Über 30.000 Gläubiger haben sich gemeldet", sagt Christina Hertel. „Der Schaden belief sich nach heutigem Geldwert auf umgerechnet 400 Millionen Euro."

So endet Adele vor Gericht und ihr wird der Prozess gemacht. „Im Gefängnis in der Baaderstraße musste sie ihre Strafe absitzen", fährt die studierte Theaterwissenschaftlerin fort. „In dem Eckhaus befindet sich heute allerdings ein Wirtshaus." Nach ihrer Entlassung versucht sich die einstige Betrügerin als „Adele Vio" erneut am Theater, benannt nach dem Mädchennamen ihrer Mutter. Doch der Erfolg stellt sich auch dieses Mal nicht ein. Julian Nebel schreibt über die letzten Jahre der Adele Spitzeder „Sie schwankte zwischen Auftritten auf kleinen Bühnen und Schuldenmachen, schlug sich mehr schlecht als recht durch das Leben, kleinere Betrügereien und Schwindeleien brachten sie immer mal wieder auf die Anklagebank und ins Gefängnis." Am 27. Oktober 1895 stirbt sie an Herzversagen und wird auf dem Alten Südlichen Friedhof bestattet.

Doch zuvor hatte sie, nachdem ihr Vorhaben als Schauspielerin nicht glückte, erneut versucht, mit Darlehen Geschäfte zu machen. Zwar deckte die Polizei ihre Machenschaften bald auf, doch Adele Spitzeder gelang es für einen kurzen Zeitraum, die Menschen erneut um ihren – mittlerweile für ihre Betrugsmasche bekannten – Finger zu wickeln.

Annika Stahl

Erinnerungsorte:

Ihr Anwesen, das auch ihre Privatbank beherbergte, befand sich in bester Lage in der Schönfeldstraße 9.

Therese von Bayern ging all ihre Aufgaben mit großer Disziplin und Zielstrebigkeit an.

Zwischen Pflicht und Freiheit

Sprachbegabte Weltenbummlerin

In meinem Herzen ging etwas entzwei, das nie mehr ganz wurde", vertraut die tieftraurige Therese von Bayern ihrem Tagebuch an. Die letzten Stunden waren eine Qual für die gerade erst 13 Jahre alte Prinzessin, sie harrte am Totenbett ihrer geliebten Mutter Auguste Ferdinande von Österreich aus.

„Und diese hatte nicht nur tröstende Worte für ihre einzige Tochter, sondern lastete dem jungen Mädchen eine große Bürde auf", schildert Birgit Braun, die sich seit ihrem Geschichtsstudium besonders den historischen Frauen ihrer Heimatstadt München verbunden fühlt. Bereits sechs Jahre zuvor hielt Auguste Ferdinande in ihrem Testament fest: „Du, meine Tochter, mein innig geliebtes Kind, Du sollst der Engel der Familie sein. Fehlt die Mutter, hast Du die schöne Aufgabe, sie zu ersetzen, den Vater mit Liebe zu pflegen und zu erheitern, ihm Gesellschaft zu leisten […].“ Diese ihr nochmals auf dem Totenbett übertragene Verantwortung und der Verlust der Mutter, die ihre Kinder – entgegen der damals üblichen Konvention – selbst erzog, überforderte Therese: „Ich stand mit dreizehn Jahren einer Lebensaufgabe gegenüber, die mich zu erdrücken drohte.“

Doch nach und nach nimmt Therese ihre Aufgaben an, fügt sich, auch wenn es sie große Überwindung kostet, in die höfischen Rituale und erfüllt immer mehr die Repräsentationspflichten an der Seite des Prinzen Luitpold von Bayern. „Denn der Vater zählt – wie aus zahlreichen Erwähnungen in ihren Aufzeichnungen hervorgeht – zunehmend auf ihre Präsenz bei Audienzen, Soirées, Diners und Künstlerbällen“, schreibt Hadumod Bußmann in ihrer Biografie *Die ungewöhnliche Geschichte der Therese Prinzessin von Bayern*.

Den Sommer verbringt Therese auf Schloss Hohenschwangau bei Königin Marie von Bayern. Jener hatte ihre Mutter in ihrem Testament die stellvertretende mütterliche Fürsorge für Therese ans Herz gelegt. „Dort taucht das Mädchen in eine vollkommen andere Welt ein“, erläutert Birgit Braun. „Das durch bescheidenere Mittel eingeengtere Leben zu Hause war auf eine praktische Existenz, welche uns Kindern wohl die Zukunft bringen würde, zugeschnitten. Das Leben bei der geliebten Tante richtete sich schon durch die größere sociale Stellung u. die in größerem Stil aufgebaute Lebensführung auf noblen Genuß“, vertraut Therese ihrem Tagebuch an. Im Haushalt von Königin Marie lernt das wissbegierige und äußerst sprachbegabte Mädchen die Welt der Poesie und die Hingabe zu den alten deutschen Sagen kennen. Aber auch, wie sie später in ihrer autobiografischen Rückschau *Geschichte meines Herzens* festhalten wird, dass sie dort in ihrem Vetter Otto eine Person gefunden hat, die sie lieber hat als „Vater und Brüder, lieber als alle anderen Menschen auf der Welt.“ Rund sieben Monate nach dem Todesfall der Mutter macht Therese eine Bekanntschaft, die sie ihr ganzes zukünftiges Leben über begleiten soll: Olga Konstantinowna Romanowa, ihre in etwa gleichaltrige, entfernt verwandte Cousine. „Therese ist von Olgas selbstsicherem Auftreten von Anfang an stark beeindruckt“, schreibt ihre Biografin.

Am 12. November 1868 wird Therese volljährig, doch damit gehen für die junge Prinzessin nicht mehr Freiheiten einher. Eher im Gegenteil, denn wenngleich sie die Zeit für ihre Studien nutzt, drängt ihre Familie jetzt auf eine baldige Hochzeit und lässt durchblicken, dass sie ansonsten eine Bürde wäre. Auch hier zeigt sich Therese einsichtig: „Wir befanden uns in kleinen Verhältnissen, u. wenn ich zu Hause bliebe, war diese eine Last für Alle. […] Ich sollte mich für die Familie opfern." Doch Therese fügt sich nicht in das ihr abverlangte Rollenmodell und zieht eine Ehe ohne Liebe keineswegs in Erwägung. Dennoch versucht der Vater zunächst, ihr eine Vermählung mit dem acht Jahre älteren Erzherzog Ludwig Viktor schmackhaft zu machen. „Luitpold von Bayern wollte aus dynastischen Gründen die Verbindung der Häuser Wittelsbach und Habsburg durch die Verheiratung seiner Tochter mit dem Bruder von Kaiser Franz Josef stärken", erklärt die Münchnerin die Intention von Thereses Vater. Er beharrt auf seinen Plänen, obwohl Therese nicht viel von dem Erzherzog hält: „Er solle boshaft, herzlos sein, nicht sehr begabt, dabei nur dem Vergnügen nachgehend, macht dumme Streiche in Fülle, und den solle ich heiraten", fällt die junge Bayerin ein wenig schmeichelhaftes Resümee. Und Therese sollte am Schluss ihren Willen durchsetzen, weder muss sie Erzherzog Ludwig Viktor noch einen der anderen Bewerber, die man ihr präsentiert, heiraten.

„Luitpold von Bayern wollte aus dynastischen Gründen die Verbindung der Häuser Wittelsbach und Habsburg durch die Verheiratung seiner Tochter mit dem Bruder von Kaiser Franz Josef stärken."

Keiner kann an Otto – ihre Jugendliebe – heranreichen und für Therese stand bereits seit Weihnachten 1869 fest: „Wieder fühlte ich so recht deutlich, dass mein Herz ihm gehörte u. nur ihm […]" und dass nur er ihr „einzig u. allein […] die Gewähr eines Seelenverständnisses für das ganze Leben" geben konnte.

Endgültig geschlagen gibt sich die Familie aber nicht und ihr Vater ändert seine Vorgehensweise: Er offeriert im Jahr 1875 Therese die Erlaubnis zu der von ihr schon langersehnten Vergnügungs- und Studienreise nach Tunis, Algerien, Portugal und Spanien. Allerdings nur in Begleitung ihres älteren Bruders Leopold und seiner Gemahlin Gisela – der ältesten Tochter von Kaiserin Elizabeth. Ihr Vater hofft, dass die Heiratsunwillige während der Reise den einen oder anderen Prinzgemahl kennenlernen und auch Gefallen an ihm finden würde. Doch wieder zerschlagen sich alle Hoffnungen der Familie, Therese lehnt sämtliche Bewerber ab.

„Denn Therese hält an ihrer Liebe zu Otto fest, von der sie selbst weiß, dass sie keinerlei Aussicht auf Erfolg haben wird", schildert Birgit Braun. „Die sich stetig verschlechternde Geistesfähigkeiten von ihrem Geliebten fasste Therese in ihrer *Geschichte meines Herzens* kurz vor ihrem Tode ausführlich zusammen."

Das Ende der Brautschau läutet Therese 1880 selbst ein: Sie entschließt sich – mittlerweile dreißigjährig – das Amt der Obersten Vorsteherin und Äbtissin des Münchner Damenstifts zur Heiligen Anna zu übernehmen. „Das traditionsgemäß von unverheiratet gebliebenen Wittelsbacher Prinzessinnen geführt wird", schreibt Hadumod Bußmann. „Diesen Schritt muss man als ein deutliches Signal verstehen, mit dem sie sich gemäß ihrer Losung ‚Ihn oder Keinen' zu einem Leben als Unverheiratete bekennt."

Noch eine weitere Weichenstellung erfolgt in jenem Jahr, denn auf Aufforderung von Isabella Braun – einer Jugendschriftstellerin und Freundin des Hofs – verfasste sie über ihre Reise 1875 den Aufsatz *Ausflug nach Tunis*. „Langsam fuhren wir in der Nacht, in das endlosscheinende Meer hinaus. Das Schiff rollte stark und im Kielwasser hatten wir schwaches Meerleuchten, wohl erzeugt durch Millionen von Noctiluceen (Noctiluca miliarris), deren Leuchtkraft bei jeglicher Art Reibung und somit auch bei bewegter See sich äußert", beginnt Therese ihren Beitrag in den *Jugendblätter für christliche Unterhaltung und Belehrung*, die Isabella Braun bereits seit 1855 herausgibt.

Ihr Stil – das Wechselspiel zwischen exakter Sachbeschreibung und poetischem Flair – kommt gut an und von allen Seiten erfährt Therese viel Zuspruch für ihre erste Veröffentlichung. Rückblickend schreibt sie über die neue Wendung, die ihr Leben nun einschlagen soll: „Dieser geographische Aufsatz gab meiner späteren, schriftstellerischen Thätigkeit die entscheidende Richtung. Nun hatte ich das meiner geistigen Veranlagung angemessene Arbeitsfeld gefunden [...] es erschloß sich mir eine wissenschaftliche Thätigkeit, welche ausschlaggebend u. bis in mein hohes Alter restlos beglückend für mich wurde."

Nicht nur Isabella Braun hat Therese in ihren Ambitionen bestärkt, sondern auch Lady Charlotte Blennerhassett. Die gebürtige Münchnerin, die mit einem irischen Parlamentarier verheiratet ist, wird begleitende Dame von Therese auf einer dreiwöchigen Erholungsreise nach Italien. Die von ihrem Vater als Weggefährtin ausgewählte Schriftstellerin und Historikerin wirkt sich äußerst positiv auf sie aus. „Therese litt immer wieder an Depressionen", erläutert Birgit Braun, „und der sieben Jahre älteren Charlotte Blennerhassett gelingt es, Thereses Vertrauen zu erlangen." Die beiden Frauen verbindet seit jenen Tagen in Sorrent eine tief empfundene Freundschaft, für die sie sehr dankbar sind.

Friederich August von Kaulbach fertigte die Skizze der ungewöhnlichen Prinzessin im Januar 1911 an.

Therese muss sich allerdings bis zum Sommer 1881 gedulden, ehe sie das erste Mal auf eine eigenständige Expedition gehen kann. Akribisch bereitet sie sich vor, liest landeskundliche sowie geografische Werke, ebenso Quellen zu Flora und Fauna. Hinzu kommen noch ethnologische Bücher wie zum Beispiel *Peschels Völkerkunde*. Auch in einschlägigen Zeitschriften und Magazinen versucht sich Therese zu informieren. Dabei folgt sie strikt dem Dreiklang, den Alexander von Humboldt in seinen Büchern beschreibt, die Therese schon als Jugendliche verschlungen hat: Zielsetzung und Planung, Durchführung und wissenschaftliche Aufarbeitung. Als Therese im Juni 1881 zu ihrer zweieinhalb Monate dauernden Expedition aufbricht, schließt sich ihr der Reisemarschall Ludwig Freiherr von Malsen als Kavalier, eine begleitende Dame sowie ein Diener an. „Ab der ersten Reise stand ihr Ekkehard Max Auer treu zur Seite", sagt die Gästeführerin. „Sie reist nicht als Prinzessin von Bayern, sondern inkognito als Gräfin Elpen."

Wer Therese von Bayern begleitet, muss aus hartem Holz geschnitzt sein, denn die Prinzessin lässt sich weder vom Wetter noch von stürmischer See aufhalten. Eisern folgt sie ihrem Plan und reist sowohl mit Schiff, Wagen und Pferd durch Norwegen. „Selbst der Galdhøpigg – Norwegens höchster und gletscherreichste Gipfel mit einer unvergleichlichen Rundsicht, wird in 16stündiger Reit- u. Fußtour mittels stundenlanger Schnee- und Gletscherwanderung, theilweise angeseilt, erstiegen", schildert Hadumod Bußmann.

Kaum zurück in München beginnt Therese mit dem Schreiben, nebenbei plant sie aber bereits ihre nächste Reise: Dieses Mal sollte es in die Heimat ihrer Jugendfreundin Olga nach Russland gehen. Schon im darauffolgenden Jahr will sie ins Zarenreich aufbrechen und verschafft sich über die Wintermonate einen Überblick über die Generalstabskarten, prüft Fahrpläne und liest geografische Handbücher. Auch wenn sie sich bereits seit Beginn der Freundschaft mit Olga mit der russischen Sprache und Kultur beschäftigt, frischt sie ihre Kenntnisse auf, um dann rechtzeitig die Panrussische Ausstellung in Moskau zu besuchen. Nachdem sie Moskau, Sankt Petersburg und die Heimatstadt Olgas Pawlowsk hinter sich gelassen hat, führt sie der zweite Teil der Expedition in den Südosten durch die Steppe und bis zur Krim. Doch dort kann die kleine Reisegruppe nicht mehr auf die luxuriöse russische Eisenbahn zurückgreifen, sondern muss sich mit einem vierrädrigen holperigen Holzwagen fortbewegen. „Auch konnten sie nicht in Hotels übernachten", berichtet die Münchnerin. „Sie mussten unter freiem Himmel schlafen oder in Poststationen, wo es laut Therese nur so von Bettwanzen wimmelte."

Nach ihrer Rückkehr schreibt die bayerische Prinzessin fieberhaft an ihrem Bericht über Russland sowie ihrer Skandinavienreise. Bis zur totalen Erschöpfung arbeitet sie zeitgleich an beiden Werken. Bei ihrem Buch *Reiseeindrücke und Skizzen aus Russland*, das im Dezember 1884 erscheint, liegt Therese besonders viel daran, die vorherrschenden Vorurteile gegenüber Russland geradezurücken, um so „einen bescheidenen Beitrag zur Kenntnis von Land und Leuten im

Osten unseres Weltteiles zu liefern." Jedoch wird ihr Pseudonym Th. von Bayer aufgedeckt, was Therese alles andere als gefiel: „Dies Besprochenwerden in aller Öffentlichkeit, dieses Preisgeben meiner Gedanken aller Welt, empfand ich wie eine Ohrfeige." Wie sie ihrem Tagebuch weiter anvertraut, hätte sie sich am liebsten auf Tage und Wochen vor den Menschen verkriechen mögen. Doch die Furcht erweist sich als unbegründet, ihr Werk findet großen Gefallen und Fachzeitschriften bitten sie um Artikel. Therese lehnt diese jedoch ab, schließlich hat sie ihr Buch über die erste Expedition noch nicht fertiggestellt. Auch hat die leidenschaftliche Weltenbummlerin bereits ein weiteres Reiseziel ins Auge gefasst: Brasilien. Doch mit dem Tod Königs Ludwig II. verändern sich die Rahmenbedingungen für sie. Ihr Vater wird Prinzregent und Therese zieht mit ihm zusammen aus dem Palais Leuchtenberg in die Residenz um. Während Luitpold von Bayern die prächtigen Steinzimmer bezieht, muss sich Therese in den kleinen und niederen sogenannten *Blauen Zimmern* über den Hofgartenzimmern einrichten.

„Es war kein abgeschlossenes Familienleben u. mehr noch als im Palais gehörte man fortan der Allgemeinheit. Aber so mußte es ja jetzt sein", vertraut Therese ihrem Tagebuch an. Dennoch gibt es für sie einen Lichtblick: Seit ihrem Umzug kann sie Königin Marie öfters sehen, die ihr über die Jahre zu einer zweiten Mutter wurde. Denn statt umständlich mit einer begleitenden Dame und einem Diener in blauer Livree in die Residenz zu eilen, konnte sie diese nun einfach besuchen. „Die Königin wusste um die Gefühle von Therese ihrem Sohn gegenüber", erzählt die Münchnerin. „Und auf ihrem Sterbebett versichert ihr Therese, sich um Otto zu kümmern, und Marie wiederum ihr, dass sie sie gerne als Schwiegertochter gehabt hätte." Unterstrichen hat die Königin das, indem sie zwei Jahre vor ihrem Tod Therese einen Ring schenkte. Diesen ließ sich die Prinzessin nach italienischer Sitte – und dem Vorbild ihrer Eltern, die ihre Eheringe ebenfalls so trugen – von Königin Marie an ihre linke Hand stecken.

„Und auf ihrem Sterbebett versichert ihr Therese, sich um Otto zu kümmern, und Marie wiederum ihr, dass sie sie gerne als Schwiegertochter gehabt hätte."

Doch so sehr sich auch ihre äußeren Umstände änderten, von der Planung für ihre erste Expedition in die Tropen lässt sich Therese nicht abbringen, auch wenn sie nun auf die offiziellen Aufgaben ihres Vaters Rücksicht nehmen muss und nur noch in den Sommermonaten reisen kann, wenn der Prinzregent seinem privaten Vergnügen nachgeht und somit deutlich weniger Repräsentationspflichten erfüllt.

Am 14. Juni 1888 heißt es dann Leinen los und Therese sticht mit ihren Begleitern – Reisekavalier Freiherr Maximilian von Speidel, die begleitende Dame Baronin Franziska von Lerchenfeld und ihrem treuen Diener Max Auer – von Lissabon in Richtung brasilianische Tropen in See. Die Aufgaben der kleinen Truppe sind klar verteilt: Der Freiherr kümmert sich vor allem um die organisatorische Durchführung der Reise und behält die Finanzen im Blick. Max Auer ist für den ordnungsgemäßen Transport der Exponate zuständig und erweist sich zudem als herausragender Schmetterlingsjäger. Therese bestimmt, präpariert und etikettiert die gefangenen Tiere und legt das Herbarium an. „Gemeinsam mit ihrer Hofdame dokumentiert sie die Expeditionen photographisch", schreibt Hadumod Bußmann. „In dieser Hinsicht können die beiden als Pionierinnen der Reisephotographie gelten." Zusätzlich zu den Fotografien skizziert Therese die bereisten Gegenden mit Bleistift.

„Weder extreme Hitze noch Kälte, noch eine Lungenentzündung, Höhenkrankheit und schwere Malariaanfälle, ein zerbrochener Gepäckkarren oder ein Rippenbruch bei einem Pferdesturz können die unerschrockene Prinzessin in ihrem rastlosen Reisetempo bremsen", urteilt ihre Biografin. Rund viereinhalb Monate dauert die Expeditionstour durch Südamerika, ehe Therese wieder in München ankommt.

Dort geht es mit der Arbeit für die bayerische Prinzessin weiter: Sie kartiert die Funde akribisch und bemüht sich außerordentlich, für die lebend gefangenen Tiere die bestmögliche Versorgung zu gewährleisten. „Einige Exponate können heute im Fünf-Kontinente-Museum betrachtet werden", erzählt Birgit Braun, die aber bedauert, dass während des Zweiten Weltkriegs das meiste, was Therese den Museen einst vermacht hatte, verloren ging. „Bei ihrem ersten Südamerikaaufenthalt hat sie noch mehr oder minder alles eingesammelt. Bei den zwei weiteren Reisen nach Südamerika ergänzte sie die Sammlungen der Museen ganz gezielt."

Als im Dezember 1912 ihr Vater stirbt, bedeutet das für Therese neben der Trauer auch zugleich Freiheit. Pflichtbewusst hat sie ihr Versprechen, das sie ihrer Mutter auf dem Totenbett gegeben hatte, erfüllt. Nachdem sie sich um die persönlichen Sachen ihres Vaters gekümmert hat, zieht sie zurück in das Palais Leuchtenberg und richtet sich dort wieder ein. Nun kann sie sich endlich einen lang ersehnten Traum erfüllen: Sie versammelt einen Kreis Gelehrter um sich und lädt zu einem Salon französischen Stils ein. Doch die Freude darüber währt nicht lange: „Nur diesen Winter war es mir vergönnt, in dieser Weise das gesellschaftliche Leben nach meinem Geschmack auszugestalten. Auch hier hat der kommende Weltkrieg auf immer zerstörend eingegriffen." Der Erste Weltkrieg durchkreuzt auch Thereses Expedition nach Zentralamerika. „Aber noch schwerer als an der Bewältigung der durch den Krieg ausgelösten äußeren Beeinträchtigungen trägt Therese die Last ihrer politischen Überzeugungen, mit denen sie sich in krassem Widerspruch zur öffentlichen Meinung befindet", schreibt ihre Biografin über die pazifistische Haltung der Prinzessin. Therese zieht sich jedoch nicht zurück, sondern widmet sich während der Kriegsjahre dem Roten Kreuz. „Allerdings in Lindau, nicht in München", erläutert Birgit Braun. „Hier richtete sie ein Lazarett in ihrer Villa am See ein und beteiligte sich an Wohltätigkeitsveranstaltungen."

Im Museum Fünf Kontinente in der Münchner Maximilianstraße können die von Therese von Bayern gesammelten Exponate bestaunt werden.

Im Oktober 1916 lässt Therese dort Hals über Kopf alles stehen und liegen und eilt zum Schloss Fürstenried. Die Liebe ihres Lebens, Otto, ist schwer erkrankt und sie schafft es gerade noch, ihm in seinen letzten Stunden Beistand zu leisten. Noch in tiefer Trauer erreicht

Therese die nächste Hiobsbotschaft: Ihr Neffe Heinrich ist in Rumänien gefallen. Nur rund drei Monate später folgt abermals ein Schicksalsschlag, ihre treue Freundin Lady Blennerhassett stirbt, ohne dass Therese sich von ihr verabschieden kann. Innerhalb von nur vier Monaten muss sich die Schriftstellerin von drei geliebten Menschen verabschieden.

Als mit dem Ende des Kriegs Thereses Bruder Ludwig III. als König von Bayern abgesetzt und von Kurt Eisner am 8. November 1918 der Freistaat proklamiert wird, ändern sich wieder einmal die Lebensumstände für die nun fast 68-Jährige. Mit dem Wegfall der Privilegien muss die 1892 zum Ehrenmitglied der Bayerischen Akademie der Wissenschaften Ernannte den Gürtel deutlich enger schnallen und selbst Hand anlegen. Dabei fällt Therese die ungewohnte Arbeit – wie das Streichen der Möbel und Wände –nicht schwer, was sie aber vermisst, ist die intellektuelle Anregung. Umso mehr genießt sie die wenigen Male, bei denen sie wissenschaftlichen Vorträgen lauschen kann.

Dass Therese eine mehr als außergewöhnliche Frau war, zeigt sich auch darin, dass sie bereits 1897 – sechs Jahre bevor man überhaupt Studentinnen an Universitäten zugelassen hatte – die Ehrendoktorwürde verliehen bekam. Mit ihrem Tod im Jahr 1925 endet das Leben einer emanzipierten Prinzessin, die zwölf Sprachen fließend beherrschte und sich stets trotz aller Widersprüche treu geblieben ist.

Melanie Kunze

Erinnerungsorte:

In der Ruhmeshalle in München steht seit April 2009 ihre Büste und in Lindau ist der Platz neben der Inselhalle nach ihr benannt.

Mit ihren schwarzen Haaren und olivfarbenem Teint überzeugte Lola Montez als vermeintlich spanische Tänzerin aus Sevilla.

Die berühmte Kunstfigur

Opfer einer „schuldigen" Scheidung

Die Liste der Gerüchte über Lola Montez, die in München zwischen den Jahren 1846 und 1848 kursieren, ist bisweilen länger als die genealogische Stammliste der Wittelsbacher. Es heißt, sie habe ihre nackte Brust vor dem König entblößt, sei gar eine böse Hexe, deretwegen Ludwig I. letztendlich habe abdanken müssen. Aufgrund der Geschehnisse während dieser Zeit sollte sie den Bayern auf immer mit schlechtem Ruf in Erinnerung bleiben. Hinter den meisten Beschuldigungen steckt jedoch so viel Wahrheit wie hinter ihrem Namen selbst, – denn die vermeintlich im Exil lebende spanische Aristokratin aus Sevilla war eine in Irland geborene Frau namens Elizabeth Rosanna Gilbert.

Professorin Dr. Marita Krauss, die an der Universität Augsburg den Lehrstuhl für Europäische Regionalgeschichte innehatte, beschäftigte sich in ihrer 2020 erschienenen Biografie *Das Leben der Lola Montez* intensiv mit der skandalösen Frau – mit einem großen Unterschied gegenüber anderen Biografien: Die Historikerin hatte Einsicht in die privaten Tagebücher König Ludwigs I. und somit Gelegenheit, die Geschehnisse aus dessen Sicht zu beurteilen. Und es zeigt sich, dass die Dinge nicht unbedingt so waren, wie es lange Zeit tradiert wurde: „Erstens wird Lola in Bayern nur unter dem Aspekt der 16 Monate betrachtet, die sie in dem damaligen Königreich verbrachte. Zweitens sieht man sie nur als Kokotte, die den armen König verführt und ausgenommen hat. Und drittens wird Lola mit unendlich vielen Schmuddelgeschichten beladen.“ Teils absurde Gerüchte halten sich hartnäckig – bis heute. Beispielsweise, wie Lola sich bei ihrer Audienz beim König verhalten habe, als sie darum bat, im Hoftheater auftreten zu dürfen. Bei diesem Treffen soll sich die Tänzerin das Mieder aufgeschnitten und sich vor dem Regenten entblößt haben. Nur so sei es ihr schließlich möglich gewesen, Ludwig sofort in ihren Bann zu ziehen. „Das ist völlig abwegig“, widerspricht Marita Krauss. Denn auch in diesem Fall geben die Tagebücher, die Ludwig sehr gründlich geführt hat, Auskunft: *„Die schöne junge Spanische Tänz[er]in Lola Montez die um eine Stunde gebethen, empfangen. Schön von Zügen fein v Wuchs, weise Haut.*“ Keinerlei Hinweise also auf eine höchst skandalöse Darbietung. „Während der Audienz sind auch Hofbeamte und Lakaien anwesend“, fährt die Autorin fort und fragt sich: „Wie hätte Lola denn dann aus der Audienz wieder herauskommen sollen?“

„Wie hätte Lola denn dann aus der Audienz wieder herauskommen sollen?“

Dennoch, der König verfällt nach ihrem ersten Auftritt im Hoftheater Lolas Temperament und ihrem Charme. Bereits wenige Tage später veranlasst er, dass sie für die „Schönheitengalerie“ gemalt werden solle. Der Regent besucht sie fortan mehrmals täglich im Hotel

„Goldener Hirsch". Und so dauert es nicht lange, bis in der bayerischen Hauptstadt zahllose Gerüchte kursieren. Lolas skandalöser Ruf entspringt jedoch nicht ausschließlich der Fantasie der Münchner, denn die Tänzerin missachtet regelmäßig die Konventionen. Mehr noch: Nicht nur sorgt sie für eine schlechte Presse über ihr eigenes Verhalten, sie bringt auch den König zunehmend in Bedrängnis. So beispielsweise, als sich der König während eines Konzerts im „Odeon" von seinen Gästen abwendet, um mit Lola zu sprechen – und sie während des Gesprächs sitzen bleibt. Erst als Ludwig ihr die Situation verdeutlicht, erhebt sie sich von ihrem Stuhl.

Lolas Verhalten, das der höfischen Etikette widerspricht, übt einen starken Reiz auf den König aus: „Ludwig, der fast zwanghaft in seine Pflichten eingebunden war, hat in Lola das andere erlebt: das Unberechenbare, das Freie. Es muss ihn fasziniert haben, so von einem Tag zum anderen zu leben." Und was sieht die junge Frau im Regenten – abgesehen von dem Luxus, der ihr nun offensteht? „Lola schreibt in einem Text in ihrer Biografie, dass der schönste Moment in ihrem Leben erreicht gewesen sei, als ein König zu ihr gesagt habe: *Ich schütze dich, Verlassene*", sagt Marita Krauss und erklärt die Bedeutung der Worte für die spanische Tänzerin: „Sie stand mit dem Rücken zur Wand, als sie die Figur Lola Montez erfand. Sie reiste ohne Pass und ohne Schutz durch das vormärzliche Europa. Dann kommt ein König, der sie versorgt, der ihr Schutz und eine gesellschaftliche Position bietet!" Aus Ludwigs Tagebüchern wird deutlich, dass die beiden eine unschuldige, fast ritterliche Liebe verband. „Sie redeten stundenlang, lagen (angekleidet) nebeneinander auf dem Sofa, küssten sich und versicherten sich ihre Liebe. Es war eine vorpubertäre, unschuldige und idealisierende Zuwendung." Lola sei keineswegs eine dumme oder niedere Kokotte gewesen, betont die Professorin, sondern eine sehr intelligente, unterhaltsame und charmante Frau, zudem spontan und provozierend.

Doch wieso reist Lola schutzlos ohne Pass durch Europa – und warum gibt sie sich unter falschem Namen als eine im Exil lebende spanische Aristokratin aus Sevilla aus? Zwar kommt die wohl am 17. Februar 1821 in einem irischen Städtchen geborene Elizabeth Rosanna Gilbert tatsächlich aus einer guten Familie, allerdings stammt diese aus England. Da Elizas Vater in der britischen Kolonialarmee dient, verbringt sie ihre ersten Jahre in Indien. Nach dem Tod des Vaters und der erneuten Heirat der Mutter wird Eliza mit fünf Jahren alleine zurück nach Großbritannien geschickt, um dort Unterricht zu erhalten. Bereits in den darauffolgenden fünf Jahren im schottischen Montrose macht sich ihr Temperament durch warmherzige Gesten, aber auch durch Wutanfälle bemerkbar. Im Alter von zehn Jahren wird sie von der Familie ihres Stiefvaters in ein vornehmes Internat im südenglischen Bath gegeben. Dort liegen die Anfänge ihrer Leidensgeschichte, aus der später die Kunstfigur Lola Montez entspringen sollte.

Als Eliza mit 16 Jahren für heiratsfähig befunden wird, kommt ihre Mutter aus Indien nach Bath, um sie mit einem vierzig Jahre älteren Mann zu verheiraten. Rettung erhofft sie sich von dem 29-jährigen Leutnant Thomas James, der ihr anbietet, sie vor den Heiratsplänen zu retten – und Eliza brennt mit ihm durch. Doch, so schreibt Lola Montez in ihrer Autobiografie, sei sie am darauffolgenden Morgen von einer Schuld befleckt erwacht, welche sie weder gesucht noch verstanden hatte und Marita Krauss hält fest: „Mit dieser Entführung begann die Geschichte, die aus einer wohlgebildeten höheren Tochter die Abenteurerin Lola Montez werden ließ." Als Konsequenz nach diesem Vorfall bleibt dem Mädchen im viktorianischen England nur eine Möglichkeit: Sie muss Thomas James heiraten. Doch die Ehe ist unglücklich, er misshandelt sie und bietet ihr weder Verständnis noch Liebe. Wie sehr sie unter der Situation leidet, beschreibt Lola in ihrer Empfehlung für durchbrennende Paare: *„Mein Rat an alle jungen Mädchen, die über so etwas nachdenken, lautet, sie sollen sich lieber, eine Stunde bevor es losgeht, aufhängen oder ertränken."*

Wegen ihrer zahlreichen Skandale schaffte sie es mehr als einmal als Karikatur in die Presse.

Mit 19 Jahren entflieht sie dieser Ehe und verliebt sich auf der Rückreise von Indien nach England in einen gleichaltrigen jungen Mann. Daraufhin reicht Thomas James unter dem Vorwurf des Ehebruchs die Scheidung ein, – und Eliza wird „schuldig" geschieden. Nicht nur bleibt es der jungen Frau dadurch verwehrt, erneut zu heiraten, auch ihr Ansehen sei somit vernichtet gewesen: „Dadurch hätte sie in England vielleicht noch in einem Laden arbeiten oder Bedienung werden können", so die Professorin. Doch Eliza hat andere Pläne.

„Sie wollte eigentlich Schauspielerin werden, besaß aber nicht das stimmliche Volumen dazu", erklärt Marita Krauss. „Zu jener Zeit war Spanien sehr in der Mode. Mit ihren schwarzen Haaren, die einen bläulichen Schimmer hatten, und ihrem leicht olivfarbenen Teint entsprach sie genau dem Typ. Ein spanischer Tanzlehrer unterrichtete sie zunächst in England und danach ging sie nach Spanien, wo sie Sprache und Tanz vervollständigte. Aus dieser Zeit existieren allerdings wenig Belege." Es ist die Geburtsstunde der „Lola Montez". Nach sehr erfolgreichen Tanzauftritten in verschiedenen europäischen Städten und einer Zeit in Paris bricht sie nach München auf. Dort will sie am Hoftheater auftreten – und so kommt die Audienz mit Ludwig zustande und dessen ritterliche Verehrung Lolas beginnt.

Das Gemälde in der „Schönheitengalerie" bezeugt, dass die gebürtige Irin eine bildhübsche Frau gewesen sein muss.

Während einer sommerlichen Nacht im Juni 1847 schläft das Liebespaar das erste Mal miteinander – und das löst etwas in der Frau aus: „Vielleicht hatte Ludwig bei Lola den Nimbus des allmächtigen Königs eingebüßt, nachdem sie ihn nackt gesehen hatte und aus dem Monarchen ein Mann mit einem über sechzigjährigen Körper ohne übernatürliche Kräfte geworden war?", schreibt Marita Krauss in der Biografie. Was auch immer in ihr vorging, – die Dinge verhielten sich nun anders. „Die Art, wie sie vor allem nach diesem Sommer mit Ludwig umging, finde ich völlig unmöglich. Er hat wirklich gelitten, weil sie ihn schlecht behandelte und benutzte. Im ersten halben Jahr war das sicherlich anders. Erst danach verlor sie offenbar Maß und Ziel", erklärt die Professorin. Nicht nur leidet die Beziehung – Lola sorgt mit einem Liebesverhältnis mit einem anderen Mann für Eifersucht –, auch mischt sich die vermeintliche spanische Tänzerin nun verstärkt in die politischen Geschehnisse ein. Einige Münchner nutzten das zu ihrem eigenen Vorteil: „Um Lola scharten sich Menschen, die versuchten, über sie Einfluss auszuüben." Die sogenannten „Loliten" hätten ihr mehr oder weniger kluge – Ratschläge erteilt. Lola verfolgt jedoch auch persönliche Themen: „Ich glaube definitiv, dass die Rekatholisierung ihr zutiefst zuwider war." Eine Streitfrage, die ganz Bayern spaltet. Neben der religiösen Diskussion werden die Rufe nach Reformen und Freiheitsrechten lauter. „Wir bewegen uns in der Zeit des Vormärz: Es geht um Aufhebung der Zäsur, Mitbestimmung der Bürgerlichen, um Wahlrecht, Ministerverantwortlichkeit, also alles, was in den Märzforderungen am 3. März 1848 auf dem Tisch lag", erklärt Marita Krauss. Ab Januar 1848 spitzt sich die Situation um Lola weiter zu, die Menschen bedrohen sie öffentlich. Kurze Zeit später muss sie aus der Stadt fliehen. Von Schloss Blutenburg reist sie weiter nach Lindau und von dort in die Schweiz. Im März 1848 verkündet Ludwig I. schließlich seinen Thronverzicht. Dessen Gründe haben allerdings – entgegen der vielfach wiederholten Behauptung – nichts mit der spanischen Kunstfigur zu tun: „Nachdem Lola die Stadt verlassen und er die Märzforderungen unterschrieben hatte, jubelte ihm das Volk wieder zu. Es war vielmehr die neue Situation, die ihn zum Rücktritt bewegte. Denn durch die neue Macht seiner Minister wäre er ‚Unterschreibkönig' geworden. Und er wollte entweder ganz König sein – oder gar nicht. Lola kostete Ludwig zwar etliches Ansehen, aber nicht den Thron."

Während ihres Aufenthalts in der Schweiz und nach ihrer Rückkehr nach London halten Lola und Ludwig noch miteinander Kontakt. Erst nach der – relativ kurzen – Ehe mit George Trafford Heald trennen sich die Wege des Königs und der Tänzerin endgültig. Für Lola beginnt, wie auch für Ludwig, ein neues Kapitel: Im Jahr 1851 reist sie in die Vereinigten Staaten, wo sie am Theater und als Vortragsreisende ihren

Unterhalt verdient. Vier Wochen vor ihrem 40. Geburtstag, am 17. Januar 1861, stirbt sie an einer Lungenentzündung.

Auch nach Lolas Tod werden zahlreiche Geschichten, Gerüchte und Anschuldigungen um die Skandalfigur überliefert. „Beschränkt man ihre Rolle auf die Affäre mit Ludwig, so verzerrt dies das Bild und wird der Person Lola Montez nicht gerecht", kritisiert Autorin Marita Krauss. Abwertungen wie sie „spinne", sei „verrückt", eine „dumme Hure", „eitel und unerträglich" seien alles Begriffe der Misogynie, der Frauenfeindlichkeit – damals wie heute. „Es geht nicht um Feminismus", erklärt die Historikerin, „sondern um den Versuch, der Figur Lola Montez näherzukommen – jenseits dieses Blicks. Sie ist eine interessante und weit gereiste Frau, die sich nicht auf ihre 16 Monate in München reduzieren lässt." Doch wie es mit Gerüchten so ist: Oft genug wiederholt werden sie zur Wahrheit …

„Beschränkt man ihre Rolle auf die Affäre mit Ludwig, so verzerrt dies das Bild und wird der Person Lola Montez nicht gerecht."

Annika Stahl

Erinnerungsorte:

In der Barer Straße 7 nahe der Münchner Residenz befand sich Lolas Stadtpalais, das sie von König Ludwig I. geschenkt bekommen hatte; dort musste sie sich gegen aufgebrachte Münchner verteidigen. Das Palais steht heute nicht mehr.

Bergsteigende Literatin

Einst gefeiert, heute vergessen

Als die 21-jährige Lehrerin Eva Türk den Second-Lieutenant Wolf Ernst Hugo Emil Graf von Baudissin am 5. Januar 1891 heiratet, lässt sie nicht nur ihre Heimat zurück, sondern wechselt auf Anraten ihrer Mutter auch den Beruf. Denn diese legte ihr nahe, ebenso wie sie selbst zur Feder zu greifen und Schriftstellerin zu werden.

Geboren wurde Eva im Jahr 1869 in eine wohlhabende und hochkultivierte Familie in Lübeck. Ihr Vater arbeitet als Arzt des Staates Lübeck und ist Oberstabsarzt des preußischen Heeres, ihre Mutter, eine ausgebildete Malerin, stammt aus einer dänischen Reederfamilie. „Bereits als Kind reist Eva viel mit den Eltern und lernt fremde Länder kennen", sagt die Historikerin Dr. Simone Egger. „Bis die Weltenbummlerin sich allerdings in München niederlässt, dauert es noch ein paar Jahre." Sie besucht zunächst die höhere Privatschule für Mädchen, durchläuft alsdann die Ausbildung zur Lehrerin und legt schließlich 1888 das Examen ab. Statt direkt ins Berufsleben zu starten, kann Eva zunächst noch einige Zeit in England verbringen, ehe sie mit dem Unterrichten beginnt. Währenddessen widmet sich ihre Mutter dem Schreiben von Romanen. Als nun die Tochter den Sohn des Deichgrafen Adalbert Heinrich Graf von Baudissin ehelicht, der zudem Schriftsteller, Verleger und Journalist ist, liegt ihr Ratschlag, Eva und ihr Gatte sollten es doch auch einmal mit dem Schreiben probieren, nahe.

Nur zwei Monate nach der Hochzeit veröffentlicht Eva von Baudissin ihr erstes Werk *Das Wedgewood-Weibchen* in der Zeitschrift *Zeitgeist*, allerdings unter dem Pseudonym Bernhard von Brandenburg, während die literarischen Werke ihres

Eva von Baudissin entdeckte nach ihrem Umzug nach München die Berge für sich und veröffentlicht das Buch „Sie am Seil".

Gatten unter dem Namen Freiherr von Schlicht erscheinen. Bestätigt durch die ersten Erfolge schreiben beide weiter und als Wolf von Baudissin versetzt wird, zieht das Paar 1894 nach Schleswig um. „Im selben Jahr wurde auch Sohn Wolf geboren", sagt die Münchnerin, die während ihrer Studienzeit Artikel für *Monacensia* – dem Literaturarchiv der Stadt München – veröffentlicht hat.

Mit der Jahrhundertwende legt Eva ihr Pseudonym ab und publiziert unter ihrem Klarnamen einen Roman nach dem anderen. Unter Graf und Gräfin Baudissin publizieren sie 1901 den Ratgeber *Spemanns goldenes Buch der Sitte*, an dem sie gemeinsam gearbeitet haben. „Er wird ein Bestseller, erscheint in mehreren Auflagen und entwickelt sich im frühen 20. Jahrhundert zu einem Standardwerk des guten Tons", schreibt Dr. Ingvild Richardsen in ihrem Aufsatz *Eva von Baudissin* über den großen Erfolg des Buchs. „Privat lief es allerdings nicht gut", sagt Simone Egger. „Das Ehepaar lässt sich 1906 scheiden und zwei Jahre später geht Eva mit ihrem Sohn nach Schwabing."

Dass es die mittlerweile in ganz Deutschland bekannte Schriftstellerin in die Isarstadt zieht, kommt nicht von ungefähr, denn „München galt damals als geistig freieste Stadt." Eva entdeckt die Berge für sich, engagiert sich ab 1912 im Münchner Verein für Fraueninteressen und tritt ein Jahr später in den frisch gegründeten Münchner Schriftstellerinnen-Verein ein. Neben dem erfolgreichen Schreiben von Romanen arbeitet sie auch „höchst erfolgreich als Journalistin, schreibt Feuilletons, Essays und Skizzen für die Münchner Neuesten Nachrichten, die Wiener Zeit, die Berliner Morgenpost, die Hamburger Nachrichten, die Kölnische Zeitung", schreibt Ingvild Richardsen. 1914 veröffentlicht Eva, die mittlerweile dem Hochalpinismus frönt, ihr bis heute vielgedrucktes und bekanntes Buch *Sie am Seil.*

„Auch der Erste Weltkrieg kann ihren Schaffensdrang nicht bremsen", berichtet die Historikerin. Sie arbeitet in den Münchner Vereinen für Kriegshilfe mit und schreibt in ihren Romanen und Artikeln über den Krieg. Ihr Kriegsroman *Die Laterne über der Tür* aus dem Jahr 1917 wird ein großer Erfolg und findet auch international viel Beachtung.

Die Nachkriegsjahre sind schwer für Eva. Als dann auch noch ihr Sohn im Jahr 1920 an einer Tuberkulose stirbt, die er sich während seines Kriegseinsatzes an der Front zugezogen hatte, bricht die Schriftstellerin innerlich zusammen. Sie schreibt kaum noch Romane. Als die Inflation sie 1923 um ihr Vermögen bringt, belasten sie zudem finanzielle Sorgen. Im Jahr 1927 übernimmt sie als zweite Vorsitzende neben Carry Brachvogel die Leitung für den Münchner Schriftstellerinnen-Verein. „Als die Nationalsozialisten an die Macht kommen, wird Carry Brachvogel wegen ihrer jüdischen Abstammung mit einem Berufs- und Publikationsverbot belegt", berichtet Simone Egger, „was zur Folge hat, dass auch der Schriftstellerinnen-Verein im November aufgelöst wird." Nun gerät Eva von Baudissin in den Fokus der Nationalsozialisten und der österreichische Rassentheoretiker Otto Hauser versucht, der Schriftstellerin eine jüdische Herkunft anzudichten. Eva gelingt es jedoch, ihre „arische Abstammung" nachzuweisen. Sie kann weiter publizieren – und feiert mit ihrem Roman *Königin der Tränen. Wilhelmine Schröder-Devrient. Der Schicksalsweg einer großen Künstlerin* einen letzten großen Erfolg.

„Nach 1938 findet sich fast nichts mehr über die Autorin", berichtet die Historikerin, die es bedauerlich findet, dass Evas Schicksal dem vieler Schriftstellerinnen des 19. Jahrhunderts gleicht: Sie und ihre Werke wurden vergessen. „Und das, obwohl Eva von Baudissin eine Schriftstellerin ersten Ranges war."

Melanie Kunze

....

Erinnerungsort:

In der Bayerischen Staatsbibliothek liegt der Nachlass der Schriftstellerin Eva von Baudissin, der aus vier hohen und acht flachen Schachteln besteht. Neben literarischen Manuskripten, Briefen und Lebensdokumenten findet sich hier unter anderem auch Material von ihrem Ex-Mann.

Französisch-bayerische Pazifistin

Mit Worten die Welt verändern

„Für mich ist sie eine der großen Europäerinnen und Pazifistinnen", sagt Anette Spieldiener. Die Kulturvermittlerin ist begeistert von dem Einsatz ihrer Namensvetterin Annette Kolb für den Frieden – und die berühmte Schriftstellerin weiß, worüber sie schreibt: Sie erlebt nicht nur den Ersten und Zweiten Weltkrieg, sondern kommt kurz vor Beginn des Deutsch-Französischen Krieges in München zu Welt. Der ständig schwelende Konflikt zwischen den beiden Ländern wird sie prägen, vor allem wegen ihrer Herkunft.

„Annette Kolbs Mutter war eine französische Pianistin, ihr Vater Max Kolb Hauptgärtner des Alten Botanischen Gartens in München", erklärt die Theaterwissenschaftlerin. Nachdem ihr Vater in Berlin die Ausbildung zum Gärtner abgeschlossen hat, findet er zunächst in Paris eine Anstellung. Dort lernt er seine künftige Frau und Mutter von Annette Kolb kennen, die Pianistin Sophie Danvin. Nach ihrer Heirat beziehen sie im Jahr 1860 die Dienstwohnung des königlichen Gartenbauinspektors in der Sophienstraße in München.

„Dort angekommen, leidet Annettes Mutter jedoch unter der Integrationsdebatte, die da fordert, Sophie müsse Deutsch sprechen", fährt die Leiterin der „Münchner Schatzsuche" fort. „Doch ihr Ehemann Max lässt ihr die Entscheidungsfreiheit: Sie müsse nicht, wenn sie nicht wolle." So kommt es, dass im Haushalt der Kolbs Französisch und Bairisch gesprochen wird. „Max hat bewusst nicht Hochdeutsch, sondern Bairisch gesprochen", betont die Kulturvermittlerin. Im Jahr 1870 kommt Annette Kolb schließlich zu Welt. Sie wächst zweisprachig auf und fühlt sich im Herzen gleichermaßen als Bayerin

Stets mit Hut – das Tragen des Accessoires wurde zum Markenzeichen der Pazifistin Annette Kolb.

und Französin. Ein Thema, das sie zeit ihres Lebens beschäftigen wird. „Frankreich war der Erbfeind, diese Meinung prägte sie schon in ihrer Kindheit. Doch ihr war klar, dass es nur Klischees und Vorurteile sind. Annette Kolb setzte sich für Völkerverständigung und Frieden zwischen den Nationen ein.“

Besonders während der 1890er-Jahre kommt die junge Annette Kolb mit politischen Themen in Kontakt. Im Salon ihrer Mutter erfährt sie Begegnungen mit „Künstlern, Bohemiens, gekrönten und ungekrönten Häuptern“, schreibt Armin Strohmeyr in seiner Biografie *Annette Kolb*. Auch Diplomaten verkehren dort regelmäßig. Mit diesen sucht sie das Gespräch, diskutiert über Politik und das aktuelle Weltgeschehen: dem preußischen Militarismus und der Blütezeit des Imperialismus. „Das Wichtigste war für sie, ihre Meinung zu sagen“, fährt die Kulturvermittlerin fort. Doch: „Wie kommt eine Frau des Jahrgangs 1870 dazu, ein solches Denken zu entwickeln, sich ganz dem Schreiben zu verpflichten? Wie wird ein junger Mensch so widerständig?“, fragt sich Anette Spieldiener und blickt in die Vergangenheit der Münchner Pazifistin.

„Armin Strohmeyr schreibt in der Biografie über Annette Kolb, dass sie im Alter von fünf Jahren ein prägendes Erlebnis gehabt hat“, fährt die Theaterwissenschaftlerin fort. „Während ihres Sommerurlaubs in Tirol fiel sie in einen Fluss, der sie direkt auf eine Mühle zugetrieben hat. Sie suchte Halt, konnte sich am Grund festhalten und rausziehen“, schildert Anette Spieldiener den Vorfall. „Dass sie dem Tod von der Schippe gesprungen ist, war für Annette Kolb ein Schlüsselerlebnis.“ Die Magd habe danach der jungen Annette von einem Unglücksfall berichtet, bei dem ein anderes Kind unter den Mühlrädern zu Tode gekommen war. Annette Kolb schildert diesen Vorfall später selbst mit folgenden Worten: „Jetzt erst schrie auch ich, und niemals schwand der Vorfall aus meinem Gedächtnis. Er sollte bezeichnend werden für mein ganzes Leben.“ Vielleicht also habe sie sich dadurch zugemutet, in den Widerstand zu gehen, nicht den Lauf der Dinge hinzunehmen, überlegt Anette Spieldiener.

„Dass sie dem Tod von der Schippe gesprungen ist, war für Annette Kolb ein Schlüsselerlebnis.“

Die französische Bayerin wird in ihrer Sichtweise bestärkt, als sie durch einen Münchner Tierpark spazierte: „Dort sah sie einen Steinadler in einem viel zu engen Käfig, der seine Flügel nicht ausbreiten konnte. Daraufhin schrieb sie einen Leserbrief an die *Münchner Neueste Nachrichten*." Zu ihrer Überraschung wurde das Schreiben tatsächlich gedruckt – und das Tier erhielt ein größeres Gehege. „Das muss ein auslösendes Erlebnis für sie gewesen sein. ‚Ich werde Schriftstellerin, weil so kann ich die Welt wirklich verändern', muss sie sich gedacht haben", sagt Anette Spieldiener.

In der Händelstraße 1 in München ist eine Gedenktafel für Annette Kolb angebracht, denn dort verbrachte die Pazifistin ihren Lebensabend.

Die aggressive Aufrüstungspolitik im beginnenden 20. Jahrhundert veranlasst sie zu verstärktem politischen Engagement. „Sie betrachtete Krieg als eine massendynamische Ersatzhandlung, um von den Problemen im eigenen Land abzulenken", sagt Anette Spieldiener. Krieg stamme laut der Schriftstellerin „aus der Rumpelkammer der Menschheit". Eine Strategie, die mangels ausgereifter Diplomatie gewählt werden würde und für das 20. Jahrhundert, so die Meinung der Pazifistin, keine Option mehr sein durfte. Doch das Schicksal der Weltgeschichte nahm weiter seinen Lauf.

Den Beginn des ersten Kriegswinters beschreibt Annette Kolb mit einprägenden Worten: „Man lernte die Hölle kennen. In diesem Herbst, während der Leere und Stille der Stunden, kam es zu plötzlichen Anwandlungen, den Kopf zu verlieren, es gab die Verführung zum Selbstmord und der Zerstörung, die Verführung, Schluß zu machen und sich ins Nichts zu stürzen." Aufgeben war für Annette Kolb jedoch keine Option, – so wie sie sich als Kind im reißenden Fluss gegen den Strom gewehrt hatte – und so hält sie im Januar 1915 in Dresden einen

Vortrag. Mit dem Titel „Die Internationale Rundschau und der Krieg" wendet sie sich gegen die hetzerischen Töne der Presse. „Annette Kolbs Vortrag führte zu einem unglaublichen Tumult, sie musste aus dem Saal gebracht werden. In derselben Nacht hat sie Dresden verlassen und ist mit dem Zug nach Berlin gefahren", sagt die Theaterwissenschaftlerin. Die Aussagen ihres Vortrags seien dann am nächsten Tag in der Ausgabe der *Münchner Neueste Nachrichten* böswillig verfälscht worden. Die freie Berichterstattung war zunichte, – zumal sich Annette Kolb nicht einmal auf die deutsche Presse, sondern auf den französischen *Matin* bezogen hatte! „Ein Thema, das hochaktuell ist", merkt Anette Spieldiener an. „Sobald Krieg herrscht, leidet die Objektivität." Besonders schätzt die Kulturvermittlerin an der Schriftstellerin, dass sie eine differenzierte Sichtweise hat: „Annette Kolb ist eine reflektierte Pazifistin, sie überhöht den Pazifismus nicht. Krieg – oder die Verteidigung mit Waffengewalt – ist laut ihr dann gerechtfertigt, wenn es um die Erhaltung oder das Zurückerlangen der Freiheit geht. Wenn es gilt, größeren Schaden zu verhindern." Und Frieden, so zitiert Anette Spieldiener die Pazifistin, sei „nicht die Abwesenheit von Krieg und nicht Aufgabe der Mächtigen, sondern eine aktive Lebensform, die von jedem geleistet werden muss".

„Krieg – oder die Verteidigung mit Waffengewalt – ist laut ihr dann gerechtfertigt, wenn es um die Erhaltung oder das Zurückerlangen der Freiheit geht. Wenn es gilt, größeren Schaden zu verhindern."

Im Februar 1917 flieht Annette Kolb aus Deutschland und lebt im Schweizer Exil, wo sie weiter als Schriftstellerin arbeitet. Zwar kehrt sie Anfang der 1920er-Jahre zurück ins deutsche Badenweiler nahe der französischen Grenze, doch als sie im Januar 1933 die Antrittsrede Hitlers im Radio hört, beschließt sie erneut, das Land zu verlassen. Einige Zeit lebt sie in Frankreich, bis sich die deutschen Truppen 1940 nähern. Abermals plant sie ihre Flucht. Dieses Mal nach New York – im Alter von 71 Jahren. Erst viel später, 1961, kehrt sie nach München zurück und verbringt dort ihren Lebensabend.

Nach Ende des Zweiten Weltkriegs erhält Annette Kolb viele Ehrungen: Von der Stadt München den Kunstpreis der Literatur für das Jahr 1950, im Jahr 1967 das Große Verdienstkreuz mit Stern des Verdienstordens der Bundesrepublik Deutschland. „Die Wertschätzung ihrer Werke ist bis heute aber eher gering, obwohl sie sehr fortschrittlich geschrieben hat", merkt die Kulturvermittlerin an. „In ihrem autobiografischen Roman *Die Schaukel* beschreibt sie beispielsweise die Figur ‚Mathias' als sehr androgynen Charakter. Man weiß nicht, ob es ein Junge oder ein Mädchen sein soll."

Vor ihrem Tod am 3. Dezember 1967 erfüllt sich Annette Kolb im Alter von 97 Jahren noch einen Lebenstraum: Sie reist nach Israel, ins Heilige Land. „Sie verwirklichte ihren Traum und pilgerte zum See Genezareth. Annette Kolb übte ihren Glauben mit einer innerlichen Art aus, über das hierarchische System der Kirche hatte sie sich hingegen negativ geäußert", sagt Anette Spieldiener. Ihr christlicher Glaube drücke sich auch in anderer Form aus, ergänzt sie: „Sie hat ihren Geburtstag, der angeblich am 3. Februar sein soll, auf Dokumenten oftmals einen Tag früher angegeben." Dem 2. Februar also: Mariä Lichtmess. Was ihr Geburtsjahr wiederum betrifft, so folgte zu ihrem 95. Geburtstag eine große Überraschung: An diesem Tag habe sie nämlich gestanden, dass sie nicht 1875 auf die Welt kam, – wie es lange angenommen wurde –, sondern bereits 1870.

Annika Stahl

Erinnerungsort:

Eine Gedenktafel im Stadtteil Bogenhausen erinnert an Annette Kolb, die von 1961 bis 1967 in der Händelstraße 1 gewohnt hat. Annette Kolbs Grab befindet sich auf dem Friedhof von St. Georg in München-Bogenhausen.

Kaiserin wider Willen

Flucht aus dem Goldenen Käfig

Die Vorzeichen, unter denen Elisabeth Amalie Eugenie das Licht der Welt erblickt, hätten nicht besser seinen können, denn schließlich ist es nicht irgendein Sonntagabend, sondern der Heilige Abend. „Das kleine Mädchen steht damit laut Volksmund – wie alle Sonntagskinder – unter einem besonderen Stern, der ihr Reichtum und Schönheit prophezeit", erläutert Sisi-Kennerin Grit Ranft. Und der Volksmund sollte recht behalten, Elisabeth entwickelt sich zu einer der schönsten Frauen ihrer Zeit.

Das „Christkindl", das seinen ersten Schrei um 22:30 Uhr ausstößt, bringt auch noch ein besonderes Geschenk mit, worüber sich insbesondere seine Mutter, Herzogin Ludovika in Bayern, freut: einen Milchzahn. Dieser gilt nämlich als Zeichen des Glücks, denn ein solcher „dens connatus" kommt äußerst selten vor. Aus dem Säugling wird eine Jugendliche, die das Leben und die Freiheit genießt, als plötzlich eine für sie besondere Person in ihr Leben tritt: Graf Richard zu Schwarzenberg. „Die noch sehr kindlich wirkende 14-Jährige verliebt sich in den Grafen, der in Diensten ihres Vaters steht", erzählt die Münchnerin. Doch für diese Liebe darf es keinen Raum geben, unter einem fadenscheinigen Vorwand wird der Graf fortgeschickt, da Schwarzenberg aufgrund seines Rangs nicht als Galan für Elisabeth infrage kommt. Elisabeth ist traurig und verzehrt sich nach ihm, doch dann erreicht sie die erlösende Nachricht: Schwarzenberg darf zurückkehren. Wider aller Vernunft hofft sie doch noch auf ein Einlenken ihres ansonsten so wenig auf Stand und Rang bedachten Vaters. Bei seiner Rückkehr ist der Graf allerdings schon schwer gesundheitlich

Auf dem Porträt von Franz Xaver Winterhalter aus dem Jahr 1865 trägt Kaiserin Elisabeth ihre sogenannten Sisi-Sterne in der kunstvoll frisierten Haarpracht.

angeschlagen und stirbt wenig später. Elisabeth ist untröstlich, sie verfällt in eine tiefe Melancholie und schließt sich stundenlang in ihrem Zimmer ein, um ungestört weinen und dichten zu können: „Die Würfel sind gefallen, / Ach, Richard ist nicht mehr! / Die Trauerglocken schallen – / Oh, hab Erbarmen, Herr! / Es steht am kleinen Fenster / Die blondgelockte Maid. / Es rührt selbst die Gespenster / Ihr banges Herzeleid."

Dieses Porträt der Kaiserin von Franz Xaver Winterhalter aus dem Jahr 1864 war der absolute Favorit des Kaisers und befand sich an der Wand gegenüber seines Schreibtischs.

Um ihre Tochter von deren schweren Trübsal abzulenken, nimmt Ludovika neben ihrer ältesten Tochter Helene auch Elisabeth mit nach Ischl: Dort soll der 23. Geburtstag ihres Neffen Kaiser Franz Joseph gefeiert werden. „Außerdem hofft Ludovika, dass sich Sisi vielleicht für dessen jüngeren Bruder Erzherzog Karl Ludwig erwärmen könnte, denn schließlich schreiben sich die beiden schon seit Längerem und tauschen Geschenke, sogar Ringe, miteinander aus", ergänzt die Gästeführerin.

Die Anreise nach Ischl erweist sich als beschwerlich, nicht nur, weil sie die Fahrt wegen einer Migräneattacke Ludovikas unterbrechen müssen und somit verspätet in Ischl ankommen, sondern auch, weil damit alle Pläne für den ersten Tag von Erzherzogin Sophie – Schwester Ludovikas und Mutter des österreichischen Kaisers – durcheinandergebracht werden. Obendrein kommt die zweite Kutsche mit den Kleiderkisten nicht rechtzeitig an und so müssen die drei Damen aus München in ihrer schwarzen Trauerkleidung, die sie anlässlich des Tods einer Tante tragen, zum ersten Treffen erscheinen. Als sie dann endlich beim Nachmittagstee sitzen und neben dem feschen jungen Kaiser auch auf Königin Elise von Preußen, Sisis Patentante, sowie Erzherzog Karl Ludwig und einen weiteren jüngeren Bruder treffen, verschlägt es Elisabeth den Appetit. „Die Néné hat es gut, denn sie hat schon so viele Menschen gesehen, aber ich nicht. Mir ist so bang, daß ich gar nicht essen kann." Vor lauter Aufregung bekommt Elisabeth nicht mit, dass der Kaiser sich nur mit ihr beschäftigt.

Viel Zeit für Müßiggang bleibt der Herzogsfamilie aus Bayern nicht, denn nun müssen sich die drei Münchnerinnen auf das erste große Ereignis rund um die Feierlichkeiten des kaiserlichen Geburtstags vorbereiten. Während Sisis Schwester eine prächtige weiße Seidenrobe trägt, schlüpft die 15-Jährige lediglich in ein schlichtes Kleid in Weißrosa und wirkt damit im Vergleich zu Helene sehr kindlich. Schüchtern sieht sich Sisi auf dem Ball um und erkennt, dass Erzherzogin Sophie mit dem Flügeladjutanten des Kaisers, Hugo von Weckbecker, auf sie zukommt. Galant bittet dieser um den nächsten Tanz, eine Polka. Völlig überrascht und verlegen versucht sich Elisabeth der für sie äußerst peinlichen Situation zu entziehen, denn schließlich hat sie bis jetzt nur bei einem Tanzmeister gelernt und noch nie in einem so großen Rahmen – noch dazu mit einem Fremden – tanzen müssen. „Ich weiß gar nicht, ob und wie es ohne einen Tanzmeister gehen soll", gesteht sie Hugo von Weckbecker. „Doch der Flügeladjutant nimmt sich Elisabeth an und redet ihr gut zu und schon bald schweben die beiden über die Tanzfläche, die Sorge der jungen bayrischen Prinzessin ist unbegründet, alle im Raum sind von ihr begeistert", berichtet die Münchnerin.

Nach der erfolgreich bestandenen Polka muss sich Sisi der nächsten Herausforderung stellen. Kaiser Franz Josef fordert sie zum Kotillon – dem Höhepunkt eines jeden Balls – auf. Wieder folgen dem schüchternen Mädchen auf der Tanzfläche sämtliche Blicke der Anwesenden und selbst Franz Josephs Mutter Sophie ist hingerissen: „In ihren schönen Haaren hatte sie einen großen Kamm stecken, der die Zöpfe rückwärts zurückhielt, sie trägt die Haare nach der Mode aus dem Gesicht gestrichen. Die Haltung der Kleinen ist so anmutsvoll, so bescheiden, so untadlig, so graziös, ja beinahe demutsvoll, wenn sie mit dem Kaiser tanzt. Sie war wie eine Rosenknospe, die sich unter den Strahlen der Sonne entfaltet."

Franz Josef scheint die Einschätzung seiner Mutter über die 15-Jährige zu teilen und überreicht ihr nach der Tanzeinlage sein Bukett. Für die Ballgesellschaft ist es offensichtlich: Der Kaiser hat seine Wahl getroffen und seine Auserwählte ist – Elisabeth! „Allein sie verstand es offensichtlich nicht und erwiderte lediglich auf Nachfrage, dass es sie geniert hätte", sagt Grit Ranft.

Am nächsten Tag scheint sich Sisi von den Aufregungen des Vorabends gut erholt zu haben, beim großen Familiendinner zum 23. Geburtstag des Kaisers sitzt sie neben Franz Joseph und isst mit sehr gutem Appetit. Auch bei dem anschließenden Ausflug weicht das Geburtstagskind nicht von ihrer Seite. Als Sisi nach jenem Tag wieder zurück ins Hotel kommt, ahnt sie noch nicht, dass dieser Abend ihr ganzes Leben verändern und auf den Kopf stellen wird. Ihrer Mutter Ludovika fällt es zu, sie zu informieren, dass der Kaiser um ihre Hand bittet.

Hin- und hergerissen zwischen der Ehre, die es einerseits für sie bedeutet, und der schier erdrückenden Aufgabe, die ihr bevorsteht, redet ihr Ludovika gut zu. Verglichen mit ihrem eigenen Schicksal, scheint die Heirat mit dem begehrtesten Junggesellen seiner Zeit, der noch dazu gutaussehend ist und Sisi tiefe Gefühle entgegenbringt, für Ludovika wie ein seltenes Glück. Überwältigt von all dem willigt Elisabeth ein, den Kaiser von Österreich zu heiraten. Noch in der Nacht informiert Ludovika die Kaiserinmutter.

Als Elisabeth sich am nächsten Morgen gerichtet hat, wartet schon ihr zukünftiger Ehemann auf sie. Sisi ist aufgeregt, als ihre Mutter dem jungen Paar die Gelegenheit gibt, ein Gespräch unter vier Augen zu führen. Im Anschluss berichtet Ludovika: „[…] als er wieder zu mir hereintrat, sah er recht zufrieden, recht heiter aus, und sie auch – wie es einer glücklichen Braut ziemt." Arm in Arm verlassen die beiden das Hotel, um im Kreise der Familie bei Erzherzogin Sophie zu frühstücken, ehe sie gemeinsam zur Pfarrkirche gehen.

Vor der Kirchentür angekommen, tritt Erzherzogin Sophie zurück und lässt der bayerischen Prinzessin den Vorrang, denn schließlich steht Sisi nun als Kaiserbraut höher im Rang als die Mutter des Kaisers. „Doch ohne diese Geste ihrer zukünftigen Schwiegermutter wahrzunehmen, gar zu würdigen, betritt sie verlegen die Kirche", weist Grit Ranft erneut auf die Naivität der zukünftigen österreichischen Kaiserin hin. Bei ihrem Anblick stimmt die Gemeinde die Volkshymne an und der Pfarrer empfängt sie mit Weihwasser. Für Sisi ist diese Form der Ehrerbietung vollkommen neu und dementsprechend ist sie auch davon unangenehm berührt. Nach dem allgemeinen Segen nimmt Kaiser Franz Joseph ihre Hand und Sisi lächelt ihn scheu an, als er sich an den Pfarrer wendet: „Ich bitte, Hochwürden, segnen Sie uns, das ist meine Braut." Nach dem Segen möchte jeder Anwesende dem Paar seine Glückwünsche überbringen, doch Sisi kämpft mit dem Ansturm, der über sie hereinbricht, und ist kaum noch in der Lage zu antworten.

Die nächsten Monate vergehen für Sisi wie im Flug: Sie pendelt zwischen Sitzungen bei der Schneiderin für ihre Aussteuer sowie Lerneinheiten in Französisch, Italienisch und Tschechisch. Am 20. April 1854 muss Elisabeth von ihrem bisherigen Leben endgültig Abschied nehmen und in eine ungewisse, ja sogar furchteinflößende Zukunft in Wien aufbrechen. Am Morgen nimmt sie noch an einem Gottesdienst in der Hofkapelle des Stadtpalais teil. Anschließend verabschiedet sie sich persönlich von jedem Angestellten mit Handschlag und überreicht einem jeden von ihnen ein Geschenk. Diese Form des herzlichen Umgangs mit dem Personal wird ihr zukünftig nicht mehr möglich sein, denn dies ist nach der Hofetikette in Wien nicht gestattet.

Ein stiller Abschied aus ihrer Geburtsstadt ist indes undenkbar, denn laut den *Münchner Neuesten Nachrichten* „wogten die Bewohner Münchens von allen Seiten zum herzlichen Abschied der hohen Scheidenden heran. Die zahlreiche Menge füllte die Ludwigstraße vom herzoglichen Palais ab bis weit über das Siegestor hinaus". Nach dem offiziellen Abschied „rollte alsbald ein vierspänniger offener Reisewagen mit der hohen Kaiserbraut, deren erlauchter Mutter, Frau Herzogin Louise [Ludovika], deren Schwestern und Prinz Karl Theodor aus dem Palais. Die umstehende Menge empfing die hohe Kaiserbraut mit den lebhaftesten Hochrufen, die entlang der langen Volksreihe herzlichen Widerhall fanden. Die sichtlich gerührte Kaiserbraut winkte mit dem Tuche nach allen Seiten und brachte so auf das freundlichste ihr

Lebwohl entgegen". Bis zur Hochzeit am 24. April jagt eine offizielle Verpflichtung die nächste und Elisabeth hat ein straffes Programm zu absolvieren.

Auch der Hochzeitstag ist komplett durchgetaktet, nach dem Traugottesdienst am Morgen gewährt das Kaiserpaar bereits Audienzen. Sisi – mittlerweile vollkommen erschöpft und überfordert – muss sich mit den Ehefrauen der Gesandten treffen, was ihr nur unter Tränen gelingt. Erst als die Haupt- und Residenzstadt Wien am Abend hell erleuchtet wird, enden für diesen Tag die protokollarischen Termine und um 22 Uhr wird dann das Hochzeitsdinner eingenommen, ehe die Mütter des Brautpaares ihre Kinder für die Hochzeitsnacht vorbereiten. Zunächst führt Ludovika Elisabeth ins kaiserliche Schlafzimmer und hilft ihr beim Entkleiden. Als die Brautmutter das Zimmer verlässt, führt Erzherzogin Sophie ihren Sohn zu seiner Braut, und nachdem sie sich von beiden verabschiedet hat, zieht auch sie sich zurück. Obwohl dieses Vorgehen für eine kaiserliche Hochzeitsnacht beinahe intim anmutet, ist es für Sisi dennoch zu viel, und die Ehe wird in dieser Nacht nicht vollzogen. Auch wenn die mehrere Tage andauernden Hochzeitsfeierlichkeiten anstrengend sind, findet Elisabeth dennoch zumindest an einzelnen Programmpunkten – wie dem Besuch im Prater – Gefallen. Insbesondere die Galavorstellung des Zirkus Renz auf dem Feuerwerksplatz hat es ihr angetan, voller Freude sieht sie sich Akrobaten sowie die Dressurreiter in mittelalterlichen Kostümen an und zeigt sich begeistert von den berühmten Pferden des Zirkus. Nach den Feierlichkeiten reist Elisabeths Familie zurück nach Bayern und sie bricht mit Franz Joseph in die Flitterwochen nach Laxenburg auf. Doch die meiste Zeit muss die frischgebackene Ehefrau auf ihren Gatten verzichten, denn jeden Morgen fährt der Kaiser in die nahegelegene Hofburg an seinen Schreibtisch, während Erzherzogin Sophie zu ihrer Schwiegertochter kommt, um ihr Gesellschaft zu leisten. Indes führt nicht nur der abwesende Gatte zu Schwermut bei der 16-Jährigen, sie hat Sehnsucht nach ihrer alten Heimat, nach ihren Geschwistern und auch nach ihrer ersten großen Liebe: „Nur einmal konnt ich wahrhaft lieben / Es war das erstemal. / Nichts konnte meine Worte trüben / Bis Gott mein Glück mir stahl … / Nur kurz warn diese schönsten Stunden, / Nur kurz die schöne Zeit. / Nun ist mein Hoffen all entschwunden, / Ihn geb ich nicht in Ewigkeit." Auch den ungewohnten Regeln am Kaiserhof widersetzt sich Elisabeth zunächst: So will sie es, sehr zum Leidwesen ihrer Kammerdienerinnen, nicht einsehen, warum sie ihre Schuhe nach einmaligem Tragen verschenken soll. Auch darf sie sich nicht mehr selbst ankleiden, geschweige denn frisieren. Sisi fühlt sich ständig von Sophie überwacht und hat den Eindruck, ihre Schwiegermutter lauere nur auf ihre nächsten Fauxpas.

Wenige Wochen nach der Vermählung bricht das Kaiserpaar im Juni zu seiner ersten gemeinsamen Reise nach Mähren auf. Sisi, die den kleinen Haushalt in München und Possenhof gewöhnt ist, muss jetzt mit einem für sie riesigen Gefolge reisen, schreibt Brigitte Hamann: „Flügeladjutanten, Militärs, Leibgarden, Geistliche, der Leibarzt Dr. Seeburger, Generaladjutant Grünne, dann Sisis engste Umgebung: Obersthofmeister und Obersthofmeisterin, zwei Hofdamen, ein Sekretär. Alle diese Personen brachten noch eigenes Dienstpersonal mit, Diener, Friseure, Badefrauen, Lakaien."

Schon bald herrscht Glück und Zufriedenheit in der Wiener Hofburg: Die Kaiserin ist in freudiger Erwartung. Doch die üblichen Schwangerschaftsbeschwerden verschonen die 16-Jährige nicht, wie Franz Joseph seiner Mutter berichtet: „Sisi konnte nicht erscheinen, da sie gestern recht miserabel war. Sie mußte schon aus der Kirche weg und erbrach sich dann mehrere Male, auch litt sie an Kopfweh und brachte fast den ganzen Tag auf ihrem Bette liegend zu; nur abends nahm sie mit mir den Tee auf unserer Terrasse beim herrlichsten Abend. Seit Mittwoch war sie ganz wohl gewesen, so daß ich schon fürchtete, es sei nichts mit den Hoffnungen, doch nun bin ich wieder ganz getröstet, wenn es mir gleich wehe tut, sie so leiden zu sehen."

Obwohl erwartet wird, dass Sisi ihre Repräsentationspflichten erfüllt und schnellstmöglich einen Thronerben bekommt, lässt man sie über die aktuell schwierige Lage, in der sich das Kaiserreich politisch, militärisch sowie finanziell befindet, im Unklaren. „So kann sie auch nicht verstehen, warum Franz Joseph so gut wie keine Zeit für sie findet. Sisi fühlt sich zurückgesetzt und vernachlässigt, dadurch verstärkt sich ihre depressive Stimmung während der Schwangerschaft noch zusätzlich", erläutert die Münchnerin. Kurz nach ihrem 17. Geburtstag setzen am Morgen des 5. März 1855 bei Elisabeth die

Wehen ein und schon am Nachmittag kann sie die kleine Sophie Friederike Dorothea Maria Josepha von Österreich in ihren Armen halten. Die ersten Wochen mit ihrer kleinen Tochter genießt Sisi in vollen Zügen, ehe ihre Schwiegermutter mit Macht die Kleine für sich beansprucht und die Erziehung übernimmt.

Die noch unerfahrene Elisabeth lässt sie gewähren und auch bei der nur ein Jahr später geborenen Gisela Louise Marie Erzherzogin von Österreich, Prinzessin von Bayern, übernimmt nach wenigen Wochen die allgegenwärtige und übermächtige Erzherzogin Sophie die Erziehung. Es dauert mehrere Monate, bis sich Elisabeth zu wehren beginnt und sich bei Franz Joseph erfolgreich dafür einsetzt, die Kinderzimmer zu verlegen. Jedoch braucht es einiges an Nachdruck, bis die Erzherzogin einlenkt und die Kinder dann tatsächlich mehr in die Obhut ihrer Eltern, insbesondere Elisabeths, gibt. Als Elisabeth mit ihrem Gatten und den Kindern – sehr zum Verdruss der kaiserlichen Großmutter – nach Ungarn reist, erkranken die beiden. Gisela überwindet den Infekt schnell, wohingegen Sophie immer schwächer wird und schließlich am 29. Mai 1857 stirbt. Die junge Kaiserin ist untröstlich und gibt Gisela wieder in die Obhut der Erzherzogin Sophie, da sie sich selbst die Schuld an dem Unglück gibt. Auch als rund ein Jahr später endlich der langersehnte Thronfolger Kronprinz Rudolf von Österreich-Ungarn im August 1858 geboren wird, hat sich die mittlerweile 20-Jährige noch nicht von dem Tod ihrer Erstgeborenen erholt. Als Sophie auch die Erziehung für Rudolf übernimmt, opponiert Elisabeth nicht, sie ist zu sehr in ihrer Schwermut und der immer noch anhaltenden Trauer gefangen.

Im Winter 1860 verschlechtert sich auch der gesundheitliche Zustand der Kaiserin, sie leidet an starkem Husten, weshalb ihr eine Kur auf Madeira empfohlen wird. Elisabeth nutzt diese Reise und bricht aus dem starren Korsett der Wiener Hofburg aus. Sie reist ohne Ehemann und genießt ihre Zeit in einer gemieteten Villa. Wie in Possenhofen, umgibt sich Sisi auch hier mit Tieren und widmet sich ihnen, gelegentlich spielt sie Karten und lebt ansonsten sehr bescheiden. Nach sechs Monaten bricht Elisabeth ihre Zelte auf Madeira ab und trifft zum ersten Mal in Triest ihren Gatten wieder. Doch kaum, dass Sisi wieder in der Hofburg in Wien ist, verschlechtert sich ihr Gesundheitszustand so schnell, dass sie bereits nach vier Tagen erneut abreist, dieses Mal zieht es sie auf die Insel Korfu. Da alle sehr besorgt um Sisi sind, reist ihre Schwester Helene – mittlerweile verheiratet und selbst Mutter zweier kleiner Kinder – nach Korfu. Franz Joseph besucht seine Gattin einmal auf der griechischen Insel und da Sisi sich vor dem kalten Winter in der österreichischen Hauptstadt fürchtet, erlaubt er ihr, die unwirtliche Jahreszeit in Venedig zu verbringen – statt nach Wien zurückzukehren. Darüber freut sich Elisabeth, doch sie hat große Sehnsucht nach ihren Kindern und ringt ihrem Mann noch ein weiteres Zugeständnis ab: Gisela und Rudolf reisen mit ihrer Kinderfrau zu ihr nach Italien. „Zum Leidwesen aller verschlechtert sich aber Sisis Zustand in Venedig und statt starkem Husten kämpft sie nun mit unangenehmen Wassereinlagerungen in den Füßen", beschreibt Grit Ranft den schlechten Gesundheitszustand. Der alte Leibarzt der herzoglichen Familie macht sich auf in die Lagunenstadt und empfiehlt eine Kur in Bad Kissingen.

Dort geht es ihr schnell besser, doch sie reist nun nicht direkt nach Wien, sondern nach Possenhofen, sehr zum Verdruss ihrer Hofdamen, die über die lockeren Sitten dort sehr erschüttert sind. Da aber nicht nur Elisabeth in Possenhofen Exil sucht, sondern auch ihre zwei jüngeren Schwestern, wird es ihrem Vater Herzog Max zu viel und kurzerhand wirft er seine Töchter hinaus.

Sisi kommt verändert nach Wien zurück und setzt sich selbstbewusst für ihre Wünsche ein. Häufig sieht man die Kaiserin nun wieder reiten oder sie lebt ihren Bewegungsdrang bei Wanderungen aus. Im Gegenzug erfüllt sie bei wichtigen Veranstaltungen wieder ihre Repräsentationspflichten, eine erneute Schwangerschaft lehnt sie zunächst aus gesundheitlichen Gründen ab. Schöner als je zuvor, strotzend vor Selbstbewusstsein findet auch Franz Joseph Gefallen an der erwachsenen Elisabeth, der er kaum noch einen Wunsch abschlagen kann. Sisi ist nun Kaiserin und die Erzherzogin sieht ihre Macht – über die Hofburg ebenso wie über ihren Sohn – schwinden.

1868, ein Jahr nach Sisis Krönung zur Königin von Ungarn, wird in Buda Marie Valerie Mathilde Amalie, das vierte Kind des Kaiserpaars, geboren. Elisabeth erzieht Marie selbst, weswegen sie auch den Spitznamen „die Einzige" erhalten hat. Auch reist Elisabeth wieder vermehrt, gerne nach Ungarn, wo sie viel Zeit auf Schloss Gödöllő verbringt, das das Kaiserpaar anlässlich seiner Krönung geschenkt bekommen hatte. Das Fernweh führt Elisabeth aber auch in ferne Gefilde, sie reist nach Kleinasien und Nordafrika, zudem immer wieder auf ihre Lieblingsinsel Korfu sowie nach Großbritannien. Marie Valerie begleitet häufig ihre Mutter. Um seiner Frau und Tochter nah zu sein, besucht auch Franz Joseph hin und wieder nach Cap Martin, ein Ort an der französischen Riviera. Sobald der Kaiser Frankreich verlassen hat, unternimmt Elisabeth lange Wanderungen sowie ausgedehnte Schifffahrten. Außerdem widmet sie sich dem Studium von Alt- und Neugriechisch.

Elisabeth hat es endlich geschafft, sich fernab vom Hof ein Leben aufzubauen, das sie erfüllt. Danach strebt auch ihr Sohn Kronprinz Rudolf, der selbst ebenfalls gerne reist, aber von seinem Vater gezwungen wird, im Jahr 1881 Prinzessin Stephanie von Belgien zu heiraten. Doch die zunächst glückliche Ehe bricht nach der Geburt der ersten Tochter auseinander und die beiden gehen mehr oder weniger getrennte Wege. Im Januar 1889 tötet sich Rudolf vermutlich selbst, nachdem er zuvor seine Geliebte, die erst 17-jährige Baroness Mary Vetsera, erschossen hatte. „Elisabeth ist in tiefer Trauer und verfällt erneut in Schwermut, sie grübelt über die Ursache des Suizids, sieht sich immer wieder selbst in der Schuld und versucht über spirituelle Rituale Kontakt mit ihrem toten Sohn aufzunehmen", beschreibt die Münchnerin die Gemütsverfassung der Kaiserin. Im Jahr darauf heiratet ihre „Einzige", Marie Valeria, am 31. Juli 1890 Erzherzog Franz Salvator von Österreich-Toskana in Ischl und damit fühlt sich Elisabeth endgültig frei: „Habe ich erstmal keine Verpflichtungen mehr gegen meine Valerie und ist diese versorgt [...], dann bin ich frei und dann beginnt mein ‚Möwenflug'. Durch die ganze Welt will ich ziehen". Und genau so hält es Elisabeth und verweilt nie lang an einem Ort, entdeckt die Schweiz als neues Lieblingsdomizil und steigt im Hotel Beau Rivage als Gräfin von Hohenembs ab. In Begleitung ihrer Hofdame Gräfin Irma Sztáray lässt sie sich nach dem Besuch eines Musikgeschäftes noch in einer Konditorei vor Ort ein Eis schmecken, ehe sie sich auf dem Weg zum Hotel macht. Gegen die Mittagszeit begibt sich zunächst ein Diener mit dem Gepäck auf den Weg zur Bootsanlegestelle. Wenig später folgt ihm die Kaiserin in Begleitung ihrer Hofdame. Plötzlich stürzt ein Mann auf sie zu, reißt ihr den Sonnenschirm vom Gesicht und wirft sie zu Boden. Zum Glück verhindern ihre langen schweren aufgesteckten Haare, dass sie allzu hart mit dem Kopf auf dem Pflaster aufschlägt. Schnell kämpft sich Sisi wieder auf die Beine, bedankt sich bei den Passanten und lehnt das Angebot des hinzugeeilten Portiers dankend ab, wieder zurück ins Hotel zu gehen, da sie das Schiff noch erreichen wollte. Schnellen Schrittes gehen die Damen zur Anlegestelle.

Doch an Board schwinden Elisabeth die Sinne und sie wird ohnmächtig. „Hastig und in Eile öffnet man ihr das Mieder, um die Brust zu reiben, doch ein winzig kleiner Blutstropfen offenbart das Unvorstellbare“, sagt Grit Ranft. Schnell wendet der Kapitän das Schiff und fährt zurück zum Genfer Ufer, mit einer improvisierten Trage bringt man Elisabeth ins Hotel Beau Rivage auf ihr Zimmer. Zwei Krankenschwestern und ein Arzt versuchen die Kaiserin zu retten. Doch alle Bemühungen sind vergebens, etwas mehr als eine Stunde nach dem Angriff haucht Elisabeth ihr Leben aus. Dabei war Sisi letztendlich nur ein Zufallsopfer, denn der Anarchist Luigi Lucheni hatte eigentlich Prinz Henri d´Orléans im Visier. Als dieser seine Reisepläne kurzfristig änderte und nicht in Genf weilte, richtete sich Luchenis Hass gegen die österreichische Kaiserin: Mit einer Feile, die er selbst messerscharf geschliffen hatte, gelang ihm die Ermordung einer der prominentesten Adligen Europas.

Melanie Kunze

Erinnerungsort:

Das Hofbräuhaus in München. 1897 war Sisi eine der Ersten, die – selbstverständlich inkognito – die neue Lokalität testete und später festhielt: „Ich verlasse niemals München, ohne hier einzukehren.“

Fanny von Ikstad
16 Jahr 7 Monat alt

Die Leiden der jungen Fanny

Tragödie an der Frauenkirche

Am 14. Januar 1785 biegt die 17-jährige Fanny von Ickstatt von ihrem Münchner Zuhause in der Prannerstraße in die Kardinal-Faulhaber-Straße ein. Den Nordturm der Frauenkirche, den sie gemeinsam mit dem Kammermädchen Theres Wandl besuchen will, hat sie dabei stets im Blick. Nach einem kurzen Zwischenstopp vor dem Benno-Altar begeben sich die beiden jungen Frauen zum Türmer des Doms, bei dem sich Fanny zuvor für den heutigen Tag angemeldet hat. Zu dritt steigen sie nach oben. Singend, so soll es Theres Wandl später berichtet haben, sei Fanny die Treppen hochgegangen. In einer Höhe von etwa 90 Meter angekommen, lässt sie den Türmer die Größe der angemalten Uhrziffern erklären, ihre Begleiterin Theres schaut auf der anderen Seite des mit 16 Fenstern bestückten Raumes aus sicherer Entfernung nach draußen. Mit den Worten „behiett dich gott Wandl, wir sehen uns nicht mehr" verabschiedet sich Fanny von ihrer Begleiterin und stürzt sich vom Nordturm in den Tod. In vermutlich weniger als einem Kilometer Entfernung sitzt Franz von Vincenti an seinem Schreibtisch und verfasst einen Brief, der die junge Münchnerin womöglich vor ihrem Schicksal bewahrt hätte …

„Es gab keine einzige Zeile über diese Tragödie in den Münchner Zeitungen", sagt Anette Spieldiener. Lediglich eine knappe Anzeige informiert drei Tage später über den Tod der jungen Frau. „Dadurch ergibt sich die Frage, ob die Zeitungen von der Familie bestochen wurden, auf keinen Fall etwas zu berichten." Denn die Mutter, Maria Franzisca von Heppenstein, fährt die Theaterwissenschaftlerin fort, habe tunlichst

Der Schattenriss von E. Verhelst der 16-jährigen Fanny von Ickstatt ist ihr einziges, sicher überliefertes Porträt.

dafür sorgen wollen, dass der Sturz als Unfall galt. „Im Falle eines Freitods wäre das Vermögen Fannys an die Kirche gegangen – eine beträchtliche Mitgift, welche die Mutter bereits zuvor wegen einer zu unwirtschaftlichen Haushaltsführung angezapft hatte." Aus finanziellen – und gesellschaftlichen Gründen – sei es für Maria Franzisca von Heppenstein daher wichtig gewesen, die Unfallversion zu etablieren.

Der Bischof von Freising teilt die Darstellung der Mutter – allerdings aus anderen Gründen: „Nachdem der Bischof über eine Stafette über die Geschehnisse informiert wurde, beschloss er, vom Unfalltod auszugehen. Für Fanny hätte es sonst bedeutet, kein Begräbnis auf einem geweihten Friedhof zu erhalten." Somit wird sie drei Tage später, am 17. Januar, in einer christlichen Bestattung am Salvatorfriedhof beigesetzt. Doch klar ist: „Es war keineswegs ein Unfall", sagt Anette Spieldiener. Dagegen spreche vor allem die Aussage des Kammermädchens, erläutert die Stadtführerin und Leiterin der „Münchner Schatzsuche". Sie teilt die Ausführungen von Maria Magdalena Leonhard, Autorin des Werkes *Der Fall Fanny von Ickstatt*, die darin Fannys Mutter und die Unfallversion demaskiert. „Der Titel ist doppeldeutig: ‚Der Fall' bezeichnet sowohl den Sturz als auch die juristische Causa", erklärt Anette Spieldiener.

Der Nordturm der Münchner Frauenkirche ist heute für den Publikumsverkehr geschlossen.

Die fehlende Berichterstattung über die Tragödie könnte allerdings auch einen anderen Hintergrund gehabt haben. Denn elf Jahre zuvor, im Jahr 1774, löste Johann Wolfgang Goethes Briefroman *Die Leiden des jungen Werthers* eine Reihe von Suiziden aus, die bis in die 80er-Jahre desselben Jahrhunderts andauerten. Der Protagonist nimmt sich in dem Roman aus Liebeskummer das Leben – und Nachahmer folgen ihm durch den „Werther-Effekt“ in der realen Welt. „Fanny hat viel gelesen, sicherlich auch dieses Werk“, erklärt Anette Spieldiener. „Aber es gibt nicht genug Hinweise, ob ihr Tod tatsächlich mit der Suizidwelle in Zusammenhang stand.“ Das Thema schien die Münchnerin jedoch früh fasziniert zu haben: „Laut ihrer Mutter habe sich Fanny schon als junges Mädchen für einen abgestürzten Handwerker an der Pfarrkirche in Ingolstadt interessiert und wollte später unbedingt die Stelle besteigen, wo er abgerutscht ist.“ Auch Zeitgenossen, so schreibt Leonhard in *Der Fall Fanny von Ickstatt* „beschreiben Fanny als geistreich, schlagfertig und heiter. Die Stoffe aber, die sie auswählt, sind hochdramatisch, die Themen düster: Immer bricht über ein glückliches, ja glänzendes Dasein unversehens durch Verrat oder Verbrechen die Tragödie herein, die unwiderruflich alles zerstört.“

In Ingolstadt beginnt die Lebensgeschichte der am 11. Mai 1767 geborenen Fanny von Ickstatt. Ihren Namen hat sie Johann Adam Freiherr von Ickstatt zu verdanken. „Er war ein großer Aufklärer und Staatsrechtler an der Universität Ingolstadt. Die Ehe der Ickstatts blieb jedoch kinderlos und so nahmen die beiden ihre Nichte Franziska als Pflegekind bei sich auf.“ Im Jahr 1766 wird Franziska mit dem Neffen des Freiherrn, Peter von Ickstatt, verheiratet. „Genau neun Monate später kam Fanny zur Welt“, erzählt Anette Spieldiener. Das Kind wächst zunächst in Ingolstadt auf, bis der frühe Tod ihres Vaters die Dinge ändert: „Nach einem Trauerjahr war Fannys Mutter erneut schwanger. Um die Familie nicht ins Gerede zu bringen, musste schnellstmöglich ein Bräutigam her, Gallus von Heppenstein.“ Die fünfjährige Fanny wächst in der Patchworkfamilie auf, die nun in München in einem Haus in Schönfeld nahe dem Englischen Garten wohnt. Doch finanzielle Gründe zwingen sie zu einem Umzug in eine Wohnung im „Redoutenhaus“ in der Prannerstraße. Das Gebäude verknüpfe verschiedenste Schicksale, fährt Anette Spieldiener fort, die die Örtlichkeit aus einem anderen Kontext kennt: „In dem Haus befand sich der Redoutensaal, der die Möglichkeit bot, Opern aufzuführen. Fanny war eine Zeitgenossin von Wolfgang Amadeus Mozart und es ist nicht unwahrscheinlich, dass sich die junge Frau und der elf Jahre ältere Musiker begegnet sind – denn in dem Haus wohnte zudem ein

Gönner von Mozart. Dessen Bekannter, Christian Friedrich Daniel Schubart, schreibt sowohl über den jungen Mozart als auch über die junge Fanny von Ickstatt, die er beide in München wahrgenommen hatte." Das Redoutenhaus, in dem sich bis 1933 der Bayerische Landtag befand, sei überdies wegen eines anderen Vorfalls bekannt: „In der angrenzenden Kardinal-Faulhaber-Straße wurde 1919 Kurt Eisner erschossen, der auf dem Weg zum Landtagsgebäude war, um seinen Rücktritt bekannt zu geben."

Den Weg in umgekehrter Richtung beschreitet 134 Jahre zuvor Fanny von Ickstatt, vom Redoutenhaus zur Frauenkirche, ebenfalls mit fatalem Ausgang. Warum aber hat sie sich am 14. Januar 1785 vom Nordturm gestürzt? „Als Fanny 17 Jahre alt ist, soll sie verheiratet werden", fährt die Stadtführerin fort. Die junge Frau ist eine gute Partie, sie ist begabt, intelligent und zudem hübsch: Sie soll schlank und hochgewachsen gewesen sein, mit dunkelblauen Augen und lockigem blonden Haar. Als sich Fanny für mehrere Wochen zu diesem Zwecke in Ingolstadt – dort befand sich noch immer das Anwesens Ickstatts – aufhält, lernt sie einen Mann kennen: „Bei einer Abendveranstaltung fällt ihr der Klavierspieler auf, der ihren Gesang begleitet hat. Es war der Soldat Franz von Vincenti, stationiert in der Ingolstädter Garnison Zweibrücken." Beide verlieben sich heftig in-einander. Doch der 24-jährige Soldat erhält nicht ausreichend Sold: Statt einer guten Partie, wie es sich die Mutter wünscht, lernt sie einen finanziell schlechtgestellten Mann kennen. „Fanny muss schließlich nach München zurück, während Franz in Ingolstadt bleibt." Die beiden schreiben sich viele Briefe. Aus Sehnsucht zu Fanny tritt er schließlich einen dreiwöchigen Heimaturlaub an, – denn Franz' Familie kam ebenfalls aus München, sein Vater war Hofkriegsrat. In der Isarstadt treffen sich die Verliebten erneut: „Ihr Stelldichein war ein kurioser Platz, denn sie trafen sich am Grabmal von Ludwig dem Bayer, das sich seinerzeit direkt vor dem Altar im Dom befand." Warum, hatte sich Anette Spieldiener bei ihren Recherchen gefragt, trifft man sich bei einem Kaisergrabmal in einer Kirche? „Ich vermute, dass sie sich dort verabredet hatten, weil das Grabmal in der Nähe des sogenannten Brautportals lag, das heißt, wenn die beiden im Dom geheiratet hätten, wären sie dort ausgezogen." Außerdem, so die Theorie der Theaterwissenschaftlerin und Organistin, sei diese Ecke durch den barocken Aufbau des Grabmals damals nicht gut einsehbar gewesen. Entdecken sollte das Paar schließlich niemand.

„Franz von Vincenti war Fannys Eltern nicht recht. Es war kein finanziell potenter Mann“, fährt Anette Spieldiener fort. Aber Fanny ist selbstbewusst, sie will nicht, dass über ihr Leben bestimmt wird. Eine Einstellung, die sie auch Franz spüren lässt: „Fannys früheman-zipierter Umgang ist aus Zitaten belegt. Sie zeigen das Emanzipationsstreben der 17-Jährigen, welche die damaligen Verhältnisse mit einem Röntgenblick durchschaut hat.“ Es sind wenige überlieferte Worte, aber sie lassen einen „brillanten, aufklärerischen Geist vermuten“, wie Anette Spieldiener sagt und zitiert: „Abends war bei uns Picknick, und wir waren lustig, spielten kleine Spiele, und lachten und rissen uns weidlich herum, geküßt haben wir auch, aber jedes seinen Nachbarn, so wies halt Konvenienz ohne Konsequenz mit sich bringt.“ In knappen Worten drücke Fanny ihr Wissen über die gesellschaftlichen Konventionen aus. Besonders deutlich werde ihre moderne Weltsicht, als Franz ihr einen Ratgeber über das Verhalten von Ehefrauen schickt. Die von Fanny verfassten Zeilen illustrieren ihre Reaktion: „Hier schick ich dir dein Buch zurück. Es lohnt sich wohl der Mühe, dass ich mich darauf freute, dass du mich aufmerksam darauf machtest, und dass ich es las – hab auch einige Papiere daraus zu Babillioten (Lockenwickler) verbraucht, damit dir die Lust nicht mehr anwandeln möge, irgendeinen Frauenzimmerkopf damit zu beschweren. Was glaubst du denn, dass ich die Pflichten eines Weibes von deiner traurigen Philosophie lernen will, die einer von Euch hochweisen Herren schuf, um von uns gelesen zu werden?“ Was auch immer geschehen wäre, wenn Fanny sich anders

Der Sturz der Fanny von Ickstatt wurde in einem zeitgenössischen Flugblatt von 1785 rekonstruiert.

entschieden hätte, ein „Heimchen am Herd“ wäre sie nicht geworden, ist sich Stadtführerin Anette Spieldiener sicher.

Doch im Herbst des Jahres 1784 spitzt sich die Situation zu. Während in der Weihnachtszeit viele Liebespaare ihre Verlobung bekannt geben, erhält die Münchnerin das Verbot, sich mit Franz zu treffen. Mehr sogar: „Fanny müsse einen älteren Mann heiraten, der es finanziell zu etwas gebracht hat.“ Ansonsten drohe ihr das Leben in einem Kloster, bedrängt sie ihre Mutter. Hinzu kommen Gerüchte darüber, dass diese – selbst erst 35 Jahre alt – ein Auge auf Franz geworfen haben soll. Fanny verfällt in eine manisch-depressive Verstimmung, die Lage zuhause spitzt sich immer weiter zu, es folgt „eine Krise, in der es keinen normalen Alltag mehr gab“, schreibt Leonhard in der Biografie über Fanny von Ickstatt und erklärt weiter: „Es muss etwas geschehen sein, was bewirkte, dass Fanny sich auf verlorenem Posten sah.“

Am 13. Januar 1785 meldet sie sich für den Turmbesuch an. Am darauffolgenden Tag begibt sich Fanny auf den Weg. Was sie nicht weiß: Franz sitzt in München an seinem Schreibtisch und verfasst einen Brief an sie. Darin berichtet er, dass sein Vater den gut bezahlten Dienst als Hofkriegsrat an den Sohn abtreten wird. Finanziell würde also einer Hochzeit nichts mehr im Weg stehen. Währenddessen begibt sich Fanny auf den Weg zum Nordturm, von der Prannerstraße in die heutige Kardinal-Faulhaber-Straße abbiegend, den Turm stets im Blick.

Annika Stahl

....

Erinnerungsorte:

In einer Wohnung im „Redoutenhaus“ in der Prannerstraße 8 hat Fanny von Ickstatt in den letzten Jahren vor ihrem Tod gewohnt.

Ein Porträt der Jugendbuchautorin Isabella Braun.

Vom Unterrichten zum Schreiben

Ihre Begeisterung steckte an

Im Jahr 1852 leben erstmalig mehr als 100.000 Menschen in München, das sich ab sofort Großstadt nennen darf. Innerhalb eines halben Jahrhunderts hat sich die Bewohnerzahl mehr als verdoppelt. Mit dem Umzug in die Stadt an der Isar erhoffen sich viele eine Verbesserung ihrer Lebensbedingungen und wagen somit voller Hoffnung diesen Schritt. Nicht so die in Jettingen geborene Isabella Braun, welche erst mit fast 40 Jahren eben jenen Weg einschlägt. „Und das noch nicht einmal freiwillig", beginnt Dagmar Mann zu erzählen. „Ihr Verleger

Scheitlin drängt sie, in die Isarstadt überzusiedeln, versüßt ihr den beschwerlichen Umzug aber mit der Aussicht, dort eine eigene Zeitschrift herausgeben zu können." Auch wenn Isabella mittlerweile vom Schreiben lebt, hatte sie doch zunächst eine andere Berufswahl getroffen.

Isabellas erste Lebensjahre verlaufen in dem ländlich geprägten Jettingen äußerst harmonisch. Der Vater, Rentamtmann im gräflichen Stauffenberg'schen Dienst, liest den Kindern allabendlich vor und weckt damit schon früh Isabellas Liebe zur Literatur. Das Stricken hingegen – welches ihre Mutter für die richtige Beschäftigung für das junge Mädchen ansieht – ist Isabella ein Graus und wann immer sie kann, schleicht sie sich aus der elterlichen Dienstwohnung im Jettinger Schloss der Familie Schenk von Stauffenberg. Nach Herzenslust spielt sie mit ihren Freunden im Freien und klettert dabei auf sämtliche Bäume. Im Ort nennt man Isabella „die braune Bill". Als der Vater stirbt, drängt die Familie mütterlicherseits auf einen Umzug nach Augsburg, denn Gräfin Maria Anna Fugger – die Tante – möchte, dass die Kinder eine gute Ausbildung erhalten.

Doch Isabella findet zunächst kein Gefallen am Institut der Englischen Fräulein und schreibt in ihrem autobiografischen Werk *Aus meiner Jugendzeit II.*, dass sie „von ihren Mitschülerinnen [...] auf Grund ihrer ländlichen Kleidung und ihrer Perücke – wegen einer Erkrankung hat sie alle Haare verloren – ausgeschlossen und verlacht" wird. Gleichwohl gelingt es ihrer Lehrerin Maria Friederika Striegl, das ernsthafte Kind in die Klassengemeinschaft zu integrieren. Die Pädagogin wird ebenso wie die Präfektin Katharina di Graccho zum Vorbild für Isabella, die beschließt, ebenfalls Lehrerin zu werden

„Im Anschluss an die Höhere Töchterschule besucht Isabella das Lehrerinnenseminar bei St. Ursula in Augsburg, das sie als Jahrgangsbeste beim Domkapitular und Jugendbuchautor Christoph von Schmid abschließen wird", berichtet Dagmar Mann über die weitere schulische Laufbahn.

Man beruft sie 1837 nach Neuburg an der Donau und stellt sie dort für die Weibliche Elementar- und Feiertagsschule als Lehrverweserin ein. Als die Englischen Fräulein die Schule jedoch 1848 übernehmen, werden alle weltlichen Lehrerinnen und so auch Isabella mit einer geringen Jahrespension in den vorzeitigen Ruhestand versetzt.

Da die Pension unzureichend ist, arbeitet Isabella als Privatlehrerin und unterrichtet die Tochter des Appellationsgerichtspräsidenten von Stengel. Ihr ehemaliger Prüfer Christoph von Schmied rät Isabella zum Schreiben. Ermutigt greift sie zur Feder und beginnt Kindererzählungen zu verfassen. Ein Jahr später erscheint ihr erster Gedichtband *Bilder aus der Natur*. „Dieser wurde von Kollmann aus Augsburg verlegt", schildert die Münchnerin. „Die weiteren Werke werden vom Stuttgarter Scheitlin Verlag herausgegeben."

Ihr Grab auf dem Alten Südlichen Friedhof in München erinnert an die spät berufene Jugendbuchautorin Isabella Braun.

Und jener sorgt 1854 auch für den unfreiwilligen Umzug nach München. Isabella macht sich mit Feuereifer daran, Autoren für ihre Zeitschrift zu gewinnen. Bereits 1855 erscheint die erste Ausgabe der *Jugendblätter* mit einer deutlich christlichen Prägung. „Durch ihre Offenheit gelingt es ihr, für die Zeitschrift viele Helfer und Bekannte ihres kleinen Münchner Salons zu gewinnen", schreibt Dr. Peter Czoik über *Isabella Braun* für das Literaturportal Bayern. „Darunter Franz Graf von Pocci, Franz von Kobell, Friedrich Güll, Emanuel Geibel und Franz Trautmann."

„Aber nicht alle sind anfangs von Isabella angetan", sagt Dagmar Mann. „Insbesondere Graf von Pocci tut sich mit der Vorstellung schwer, für eine Frau zu schreiben." Professor Dr. H. Holland erinnert sich in seinen *Lebenserinnerungen eines 90jähr. Altmünchners* an die beiden: „Sie lud mich zur Mitarbeit an den von ihr herausgegebenen

‚Jugendblättern' ein und wollte auch Pocci dafür gewinnen. Der aber gab auf ihren Brief gar keine Antwort. Vergebens suchte ich ihn umzustimmen." Doch Pocci reagierte ungehalten: „Mit solchen Weibsleuten, mit einem Blaustrumpf, fange ich gar nicht an. Ich gebe meinen Mist selbst heraus." Als Pocci sie dann jedoch besucht, ist er fasziniert von der Schriftstellerin und wird einer ihrer treuesten Mitarbeiter.

„Mit solchen Weibsleuten, mit einem Blaustrumpf, fange ich gar nicht an. Ich gebe meinen Mist selbst heraus."

Neben den Jugendblättern schreibt Isabella weitere Erzählungen, Gedichte und Theaterstücke und wird sogar über die Grenzen Deutschlands hinaus bekannt. 1868 verleiht ihr Herzog Max von Bayern die goldene Medaille zur Förderung von Kunst und Wissenschaft. Elf Jahre später ehrt König Ludwig II. Isabella Braun, die mit ihren Werken und ihrer Zeitschrift das Bewusstsein für gute deutschsprachige Jugendliteratur nicht nur geweckt, sondern fest verankert hat, mit der Ludwigsmedaille für Kunst und Wissenschaft.

Melanie Kunze

Erinnerungsorte:

Die Grabstätte von Isabella Braun befindet sich auf dem Alten Südlichen Friedhof in München (Gräberfeld 13 – Reihe 12 – Platz 42).

Agnes Bernauer muss eine außergewöhnlich attraktive Frau gewesen sein, auf die der Herzogssohn aufmerksam geworden ist.

Fremd am Hof

Eine Liebe mit tragischem Ende

Gleich wird es knallen. In wenigen Augenblicken treffen die beiden Männer aufeinander. Derjenige, der Lanze und Pferd besser führt, wird sein Gegenüber vom Ross stoßen – oder zumindest an der richtigen Stelle treffen. Alle Augen sind auf die Männer in den schweren Rüstungen auf den mit Stoffen behangenen Pferden gerichtet. Einen jungen Mann hingegen interessiert es nicht, wer als Sieger aus dieser Runde hervorgeht. Seine Blicke sind auf jemand ganz anderen gerichtet: eine junge, hübsche Frau mit elfenbeinfarbener Haut und langen, blonden Haaren. Er weiß, er will – nein, er *muss* diese Frau haben …

So mag sich ein fantasievoller Mensch die erste Begegnung der vermeintlichen Augsburger Baderstochter Agnes Bernauer und dem Herzogssohn Albrecht III. ausmalen, liefern doch die Dichter und Dramatiker der letzten Jahrhunderte genügend Stoff für eine ausgeschmückte Geschichte. Doch mit handfesten Belegen hat das wenig gemein, weiß Archivarin Dr. Dorit-Maria Krenn: „In den zeitgenössischen historischen Quellen findet sich weder, dass sie Augsburgerin, noch dass sie die Tochter eines Baders ist. Erstmalig taucht sie in einer Steuerliste vom Münchner Hofgesinde auf, die vermutlich im Jahre 1428 erstellt wurde.“ Angaben zu ihrem Aussehen, Geburtsort und das vermeintliche Kennenlernen auf einem Turnier sind alles Produkte der späteren Geschichtsschreibung – entstanden nach ihrem Tod. „Es können aber durchaus Rückschlüsse gezogen werden“, lenkt die Leiterin des Straubinger Stadtarchivs ein. „Denn so wie sie in der Steuerliste veranlagt ist, war sie eindeutig von niederem Stand.“ Von adliger Herkunft hingegen ist der Mann, dem einst ihr Herz gehörte: Albrecht – auch „der Fromme“ genannt –, Sohn von Herzog Ernst von Bayern-München. Die Geschichte der beiden Liebenden tradierte über viele Jahrhunderte – vor allem wegen ihres tragischen Endes.

Zwar sind die Umstände nicht überliefert, wo – und wie – sich die beiden kennengelernt haben, doch Agnes' Anwesenheit am Alten Hof in München ist nachgewiesen. Das belegt einerseits die Steuerliste aus dem Jahr 1428 sowie eine Kammerrechnung der Stadt München, die vier Jahre später erstellt wurde. Darin taucht sie als *Bernawerin* auf und wird beschrieben als eine Frau, die nicht nur am Herzogshof lebt, sondern auch einen gewissen Einfluss ausübt. Ein Umstand, der Albrechts Vater Ernst missfällt: „Das Problem bestand darin, dass sein Sohn nicht mit einer standesgemäßen Frau zusammen war. Alle Zukunftshoffnungen lagen auf Albrecht III., dass er die Linie Bayern-München und das wittelsbachische Erbe erhalten würde. Und dafür brauchte er eine standesgemäße Frau“, erklärt die Historikerin. Zwar hätte der Herzogssohn sie weiterhin als Geliebte unterhalten können, doch Agnes bedeutet Albrecht mehr, er verweigert die standesgemäße Verbindung mit einer anderen Frau. Folglich ist sie am Alten Hof unbeliebt, gar unerwünscht und residiert für eine gewisse Zeit mit Albrecht im Jagdschloss Blutenburg.

Für Herzog Ernst kommt es jedoch noch schlimmer: „Mit großer Wahrscheinlichkeit waren Agnes und Albrecht miteinander verheiratet. Auffällig ist nämlich nicht nur dieses Festhalten aneinander, es existiert auch noch ein weiterer Hinweis“, erklärt Dorit-Maria Krenn und fährt fort: „Ihr Epitaph zeigt sie als verheiratete Frau in bürgerlichem Gewand, da sie an ihrer Hand zwei Ringe trägt. Das ist wahrscheinlich das größte Indiz für eine Heirat, die durchaus heimlich stattgefunden haben kann. Egal, ob die Ehe vor einem Priester besiegelt wurde oder sie sich gegenseitig das Versprechen gegeben haben: Zur damaligen Zeit war ein solches gültig.“

Ihr Grabstein steht in der Stadt, in der Agnes Bernauer ihr Leben gelassen hat – in Straubing. Die Historikerin erklärt warum: „Im Jahr 1425 starb die wittelsbachische Linie Straubing-Holland aus. Das niederbayerische Erbe wurde daher aufgeteilt, wobei Straubing an Albrechts Vater fiel, der seinen Sohn als Statthalter dorthin geschickt hatte.“ Agnes folgt ihm – und findet ebenda ihr grausames Ende.

Als Albrecht im Oktober 1435 für eine Jagdveranstaltung die Stadt verlässt, wird Agnes Bernauer auf Befehl von Herzog Ernst von Bayern-München in der Donau bei Straubing ertränkt. „Mithilfe des einen Fußes, der nicht gefesselt war, schwamm sie ein Stück und kam nahe ans Ufer, mit heiserer, kläglicher Stimme rufend: Helft! Helft! Der Folterknecht aber, der sie von der Brücke gestürzt hatte, lief am Donauufer hinzu und, weil er den jähen Zorn des Herzogs Ernst fürchtete, wickelte er eine lange Stange in ihr Haar und drückte sie wieder unter Wasser“, schildert Chronist Andreas von Regensburg noch im 15. Jahrhundert den Vorfall. Ein Delikt mit Folgen: Der Herzog muss sich vor dem König und Kaiser Sigismund von Luxemburg für seine Tat rechtfertigen.

„Herzog Ernst schickte daher den Beamten Friedrich Aichstetter zum Kaiser. In der Instruktion wird von einem *poesn weyb* gesprochen, sei eine *schand und smach* gewesen.“ Ein Prozess ist nicht überliefert, fährt die Archivarin fort. Nur die grausame Tat als solche ist bekannt, die zu einer großen Kluft zwischen Vater und Sohn führt. Herzog Ernst versucht ihn zu besänftigen, indem er eine Kapelle stiftet und dafür sorgt, dass am Grabstein auf dem Friedhof St. Peter in Straubing eine „ewige Messe“ für die getötete Bernauerin gehalten wird. „Es war allerdings keine Sühnekapelle“, betont Dorit-Maria Krenn. „Der Herzog hat es gar nicht nötig gehabt, eine solche zu bauen – er hat in seiner Sicht schließlich ‚dynastisch-staatlich‘ richtig gehandelt. Es ist vielmehr eine Gedächtniskapelle.“ Tatsächlich bessert sich das Verhältnis zwischen Vater und Sohn und im Jahr 1436, etwa ein Jahr nach Agnes Tod, heiratet Albrecht die Herzogstochter Anna von Braunschweig-Grubenhagen. Sie gebärt ihm zehn Kinder.

In Form von Straßen- und Platznamen lebt in München und anderswo das Andenken an Agnes Bernauer fort. Auch in Straubing erinnert der Grabstein – und eine nach ihr benannte Torte – an das Schicksal der jungen Frau. In erzählter und fantasievoller Form kann dort auch die tragische Geschichte bei den Agnes-Bernauer-Festspielen am Originalschauplatz, im Hof des Herzogsschlosses, verfolgt werden. Und wenn auch über ihr tatsächliches Aussehen keine zeitgenössische Quelle berichtet, so ist Archivarin Dr. Dorit-Maria Krenn überzeugt: „Wenn der Herzogssohn auf eine solche Frau aufmerksam geworden ist, – dann muss diese eine entsprechende Ausstrahlung gehabt haben.“

Annika Stahl

Erinnerungsort:

Neben dem Alten Hof erinnert das Schloss Blutenburg im Westen Münchens an Agnes Bernauer, die sich dort mit Albrecht einige Zeit aufgehalten hat.

Henriette Adelheid von Savoyen brachte italienisches Flair und Kunst in die Isarstadt.

Kurfürstin statt Kaiserin

Für ihre Kinder ging sie ins Feuer

Schon die Geburt von Henriette Adelheid von Savoyen ist besonders: Gemeinsam mit ihrer Zwillingsschwester Katharina Beatrix erblickt sie am 6. November 1636 das Licht der Welt. „Zwillinge waren damals äußerst selten und dass dann beide Mädchen die Geburt überlebt haben, grenzt an ein Wunder", erläutert die Münchnerin Birgit Braun und ergänzt: „So hat Henriette Adelheid schon früh Durchhaltevermögen bewiesen, denn im Gegensatz zu Katharina, die bereits im Alter von neun Monaten verstarb, erreichte sie das Erwachsenenalter."

Kurz vor ihrem ersten Geburtstag verliert das kleine Mädchen ihren Vater Viktor Amadeus I. Dadurch wird die Mutter, Christina von Savoyen, Regentin. Selbstbewusst nimmt Christina diese Rolle an und zeigt Adelheid damit auch, wie mächtig Frauen in der damaligen Zeit sein konnten.

Christina von Savoyen – immerhin Tochter des französischen Königs Heinrich IV. und Schwester Ludwig XIII. – wünscht sich für Henriette Adelheid den französischen Kronprinzen Ludwig XIV. als Gemahl. Als dieser jedoch zögert, erwägt die Herzogin auf Empfehlung Kardinal Mazarins eine Vermählung ihrer jüngsten Tochter mit dem bayerischen Thronfolger Ferdinand Maria. Aber auch für den bayerischen Hof ist die Prinzessin nicht die erste Wahl: Maximilian wollte für seinen Sohn eigentlich eine Deutsch sprechende Braut, die obendrein dem katholischen Glauben angehören sollte.

Ihre Schönheit öffnete ihr die Tür zum bayerischen Kurfürstenhaus.

Dennoch entsendet der bayerische Kurfürst Maximilian I. heimlich den Spion Ferdinando Egartner unter dem Decknamen Aloise Rizzi nach Turin, um Informationen über die savoyische Herzogsfamilie zu sammeln. „Als dieser die damals schon legendäre Schönheit Henriette Adelheids bestätigte, zögerte Kurfürst Maximilian nicht lange und machte Nägel mit Köpfen", berichtet die Gästeführerin. Allerdings besteht der auf Henriette Adelheid als zukünftige Frau für Ferdinand Maria und nicht etwa deren ein Jahr ältere Schwester Margherita.

Und so wird im Dezember 1650 die 14-jährige Henriette Adelheid in Turin per procurationem mit dem gleichaltrigen bayerischen

Thronfolger vermählt. Dabei wird der Bräutigam von Karl Emanuel II., dem zwei Jahre älteren Bruder der Braut vertreten. „Sie hat in der feierlichen Zeremonie eigentlich einen Handschuh geheiratet, während Ferdinand Maria in München ihren Handschuh ehelichte", erklärt Birgit Braun die Vorgehensweise.

„Zwischen den Eheleuten herrscht zunächst einmal Funkstille, erst als Ferdinand Marias Vater Maximilian knapp ein Jahr später stirbt, bestimmen die beiden Mütter der Eheleute, dass es jetzt an der Zeit wäre, dass sie einander kennenlernen."

Henriette Adelheid, die nun mittlerweile Kurfürstin von Bayern ist – einem Land, das sie zuvor niemals betreten hat –, reist im Mai 1652, begleitet von einem Tross mit 336 Pferden und 350 Packwagen, gen München. Im Juni trifft sie zuerst auf ihren Bräutigam in Kufstein, ehe sie wenig später auch ihre Schwiegermutter, die Habsburgerin Maria Anna in Wasserburg am Inn kennenlernt. Damit wird Henriette Adelheid – die als wahre Schönheit gilt – das erst Mal mit ihrem Gatten konfrontiert. „Ferdinand Maria war ein linkischer Typ, hatte Akne, hinkte und war obendrein extrem kurzsichtig", beschreibt die Münchnerin den bayerischen Thronfolger und fährt schmunzelnd fort: „Die erste Amtshandlung von Henriette Adelheid bestand darin, dass sie für ihren Mann eine Brille anfertigen ließ." Gemeinsam geht die Reise weiter nach München und zwei Tage nach Ankunft in der Isarstadt – am 25. Juni 1652 – werden die beiden in der Hofkapelle erneut getraut.

„Der neuen Kurfürstin und ihrem piemontesischen Hofstaat weht in München anfänglich ein rauer Wind entgegen", schreibt Pius Bieri in seinem Aufsatz *Henriette Maria Adelaide von Savoyen (1636–1676).* „Die Schwiegermutter stellt sich an die Spitze der höfischen Opposition gegen die Ausländerin." Auch als Ferdinand Maria volljährig wird und die Regierungsgeschäfte 1654 übernimmt, ändert sich für die junge Kurfürstin zunächst nicht viel. „Gegen den erklärten Willen von Henriette Adelheid schlägt der bayerische Kurfürst die Kaiserkrone aus. Damit ist auch der Traum der Kurfürstin, Kaiserin zu werden, endgültig ausgeträumt. „Henriette Adelheid war durchaus ehrgeizig und es auch von klein auf gewöhnt, von mächtigen Frauen umgeben zu sein. Erst ihre Mutter und dann auch ihre Schwiegermutter, die für ihren Sohn als Regentin die Regierungsgeschäfte übernommen hatte", erläutert die Gästeführerin. Ganz im Gegensatz zu seiner Gattin strebt Ferdinand Maria jedoch nicht nach Macht, sondern nach Frieden für Bayern. Denn die Annahme der Kaiserkrone hätte Krieg bedeutet und diesem wollte er unter allen Umständen aus dem Wege gehen.

Für Henriette Adelheid erweist sich aber nicht nur ihre Schwiegermutter als problematisch, sondern auch die Kinderlosigkeit. „Der Unmut am Hofe wuchs, denn wenn ein Paar keine Kinder bekam, war es damals üblich, der Frau die Schuld zu geben", erläutert die Münchnerin. Als sich nach sieben Jahren Ehe immer noch kein Kindersegen einstellt, begibt sich Henriette Adelheid für eine Badekur nach Heilbrunn bei Benediktbeuern. Und diese sollte Wirkung zeigen, denn achtzehn Monate später gibt es Grund zur Freude – die kleine Anna Maria wird geboren. „Auch wenn es noch nicht der erwünschte Thronfolger war, ist nun immerhin bewiesen, dass die Eheleute in der Lage waren, Nachwuchs zu bekommen", berichtet Birgit Braun. Als dann knapp zwei Jahre später endlich der ersehnte Sohn Maximilian II. Emanuel geboren wird, löst das Kurfürstenpaar direkt nach der Geburt sein Gelübde ein. Sie veranlassen den Bau der *schönsten und wertvollsten* Kirche zu Ehren des heiligen Kajetan von Thiene – dem Begründer des Theatinerordens. Die ersten Theatiner werden bereits während Henriette Adelheids Schwangerschaft aus Turin nach München berufen, um die Gründung einer Niederlassung in der Isarstadt vorzubereiten. Kurz bevor die Grundsteinlegung der Theatinerkirche am 29. April 1663 erfolgt, errichtet Henriette Adelheid die Kongregation der Adeligen Dienerinnen Mariens. „Es handelte sich um eine Gemeinschaft, die das Gebet für Priester und Kirche als ihre Hauptaufgabe sieht", erläutert Birgit Braun die Intention der anfänglich rund 30 Mitglieder. Nebenbei unterstützen sie auch bedürftige Menschen.

Im selben Jahr wird das Kurfürstenpaar mit einer weiteren Tochter, Luise Margarete Antonie, beschenkt und im April 1665 kommt Ludwig Amadeus Victor auf die Welt. „Faszinierend ist für mich, dass Henriette Adelheid sehr schillernd und willensstark war, sich aber dennoch an den bayerischen Hof angepasst hat", sagt Birgit Braun. „Das ungleiche Paar führte eine glückliche Ehe und Ferdinand Maria schätzte an seiner Frau ihren tiefen Glauben." Else Strobl schreibt dazu in ihrem Aufsatz *Adelheid (Henriette Maria Adelaide)*, „[d]ie *Philothea* ihres Landsmannes Franz von Sales, dieses innig fromme und doch außerordentlich freie und daseinsbejahende Werk, entsprach völlig ihrem Wesen." Obendrein verbindet das Kurfürstenpaar die Freude an Musik, Kunst und Kultur, die Adelheid reichlich nach München bringt. „Als Freundin aller schönen Künste – womit sie den Münchner Hof zu einem der glanzvollsten in Europa machte – und persönlich anregend durch eigene Dichtungen und Musiktheorien hat die hochgebildete Frau Bayern das Tor zu der weltoffenen Kunst des Barock aufgeschlossen", schreibt Elsa Strobl über die Verdienste Henriette Adelheids. Doch dem guten Beginn des Jahres 1665 soll tiefe Trauer folgen: Im September segnet zunächst ihre Schwiegermutter das Zeitliche. Zwei weitere Todesfälle folgen im selben Jahr, erst stirbt im November mit zwei Jahren die jüngste Tochter und im Dezember auch noch der gerade erst im April geborene Ludwig Amadeus Victor. Im Folgejahr erleidet Adelheid eine Totgeburt. Drei Jahre vergehen, ehe sie erneut schwanger wird. Noch vor der Geburt ihres sechsten Kindes – dreizehn Jahre nachdem Ferdinand Maria die Kaiserwürde ausgeschlagen hat – hat Henriette Adelheid eines ihrer Ziele erreicht: Bayern distanziert sich von Habsburg. „[A]m 17.2.1670, kam es in München zu einem zehnjährigen Allianz-Vertrag mit Frankreich, der in einem Separatartikel die Wahl des Bayern zum röm. König vorsah", schreibt Elsa Strobl. Aber auch dieses Jahr, das so voller Hoffnung begonnen hat, endet im Dezember mit dem Tod des gerade einmal sechs Monate alten Knaben. „Insgesamt schenkt Henriette Adelheid acht Kindern das Leben", erzählt Birgit Braun, „aber

Als die Theatinerkirche in München errichtet wurde, war Henriette maßgeblich an dem Bau beteiligt.

nur vier Kinder erreichen das Erwachsenenalter." So auch Joseph Clemens Kajetan und die zwei Jahre später geborene Violante Beatrix.

„Legendär sind auch Henriette Adelheids große und prachtvoll gestalteten Feste", sagt die Münchnerin. Während diese Vergnügungen hinter verschlossenen Türen stattfinden, bekommt die Bevölkerung ab 1665 ein besonderes Spektakel geboten: Am Würmsee – dem heutigen Starnberger See – wird eine dreigeschossige Prunkgaleere von rund 150 Matrosen gerudert. Das nachts illuminierte Schiff wird als schwimmendes Jagdschloss genutzt, auf dem Wasserfeste samt Feuerwerk stattfinden.

Ausgerechnet als Ferdinand Maria abwesend ist, kommt es zu einem folgenschweren Brand. Flammen züngeln und überall ist dichter Rauch. Henriette Adelheid kann die Hand vor Augen kaum sehen. Panik steigt in ihr auf, sie muss zu den Kindern. Barfuß und nur im Nachthemd rennt sie in der Nacht vom 9. April 1674 durch die Flure. Endlich erreicht sie ihre Kinder, nimmt die Kleinste auf den Arm und die drei anderen an die Hand und läuft so schnell sie kann ins Freie, und sorgt dafür, dass ihre Kinder über einen unterirdischen Gang zu den Theaterin in das Kurz' Palais gebracht werden. Während sie halbbekleidet in der kalten Aprilnacht Befehle zur Rettung des Palasts erteilt. Auch wenn es zunächst so wirkt, als sei alles gut ausgegangen, wird Henriette Adelheid schnell nach der Brandnacht krank und stirbt nach einer fast zweijährigen Leidenszeit am 13. März 1676 in München.

Melanie Kunze

....

Erinnerungsort:

Sowohl Nymphenburg als auch die Theatinerkirche stehen mit der Kurfürstin Henriette Adelheid in Verbindung.

Die Pianistin war nicht nur bildhübsch, sondern überzeugte die Presse mit ihrem kraftvollen Spiel.

Eine gefeierte Pianistin

Virtuosität, Kraft und Ausdauer

Gedankenversunken sitzt Sofie Menter in ihrer Villa in Stockdorf. Der Kater auf ihrem Schoß schnurrt leise, um ihre Beine streichen zwei weitere Katzen. An was mag die Pianistin in den letzten Tagen vor ihrem Tod am 23. Februar 1918 gedacht haben? Beschäftigt sie das aktuelle Kriegsgeschehen, durchlebt sie ihre größten Momente auf der Bühne noch einmal – oder wünscht sie sich, sie hätte in ihrem Leben andere Entscheidungen getroffen?

Zwar ist nicht überliefert, ob Sofie Menter wirklich genau so ihre letzten Tage verbracht hat, bekannt ist jedoch ihre große Zuneigung zu ihren „felligen“ Mitbewohnern. Diesen verdankt ihre Stockdorfer „Katzenvilla“ im Landkreis Starnberg – direkt an der südwestlichsten Grenze zu München gelegen – auch ihren Namen. Doch die Geschichte der am 31. Juli 1846 als Sophia Wilhelmina Menter geborenen Pianistin beginnt in der benachbarten Isarstadt. Ihr Vater, ein bekannter Violoncellist, erkennt das Talent des jungen Mädchens und fördert ihr Klavierspiel. Zu dieser Zeit nichts Ungewöhnliches, das Instrument erfreut sich größter Beliebtheit und findet sich in fast jeder bürgerlichen Familie. Doch die Frauen sollen daheim im privaten Kreis spielen – und keinesfalls auf der großen Bühne. Mit dem *Beruf: Pianistin* hat sich Dr. Stephanie Hodde-Fröhlich in ihrer Dissertationsschrift beschäftigt und die Facetten kulturellen Handels bei Marie Wieck und Sofie Menter analysiert. „Clara Schumann ist eine der wenigen Pianistinnen, die uns heute aus diesem Jahrhundert noch bekannt ist“, erklärt die Musikwissenschaftlerin. „Ich habe versucht, andere Klavierspielerinnen, die ebenfalls in dieser Zeit gewirkt haben, ins Rampenlicht zu rücken. Da bin ich bei meinen Nachforschungen sofort auf Sofie Menter gestoßen.“

Sofie Menter zählt zu den bedeutendsten Pianistinnen des 19. Jahrhunderts.

Die Karriere der berühmten Pianistin beginnt ebenfalls in München. „Im Jahr 1862 gab sie an der Königlichen Musikschule ihr Debüt. Danach spielte sie unter anderem im ‚Odeon‘. Während meiner Arbeit habe ich Polizeimeldebögen eingesehen und festgestellt, dass sie bis 1869 in der Stadt gemeldet war“, fährt Dr. Stephanie Hodde-Fröhlich fort. „Nachdem sie München verlassen hat, lässt es sich nur schwer nachvollziehen, wo sie überall ansässig geworden ist: Sophie Menter war ein Lebemensch und ist viel gereist."

Reisen und Auftritte stehen bald auf dem Tagesplan der Pianistin, denn nach ihrer Ausbildung in München nimmt ihre Karriere steil Fahrt auf. „Sie beherrschte nicht nur anspruchsvolle Kompositionen von Franz Liszt, Beethoven oder anderen Größen der Musik, sondern besaß zudem einen einzigartigen Stil. Sofie Menter muss eine unglaubliche Bühnenpräsenz gehabt haben, die nicht nur durch ihre Schönheit, sondern auch durch ihre spielerische Leistung beeindruckt hat: Sie hat schwere Stücke mit viel Verve dargeboten", erklärt die Musikwissenschaftlerin. Die Presse beschreibt sie als ausdrucksvoll und kräftig „wie ein Mann" und zugleich „bildhübsch". Vor allem Sofie Menters Ausdauer erscheint beinahe übermenschlich: „Sie hat am Abend des 23. Januar 1888 nicht nur *ein* Klavierkonzert gespielt, – also Soloklavier mit Orchester, bestehend aus mindestens drei Sätzen –, sondern gleich drei solcher Konzerte!" Die Musikzeitschrift *Signale für die musikalische Welt* bezeichnet sie 1897 als „geniales Raceweib, in dem sich männliche Energie mit zarter, poetischer Frauenart paart".

In ihrer Dissertationsschrift beschäftigt sich Dr. Stephanie Hodde-Fröhlich mit der berühmten Pianistin.

Nicht nur die Pressestimmen loben Sofie Menter in den höchsten Tönen. „Franz Liszt schätzt sie als ein Talent ein, dass gleichauf mit Clara Schumann ist oder ihr zumindest direkt folgt. Sie war während ihrer Zeit ein unglaublicher Star." Die beiden Musiker verbindet ein sehr gutes, kollegiales Verhältnis. „Häufig wird angenommen, dass eine Art Lehrer-Schüler-Verhältnis existiert haben muss, aber zu diesem Zeitpunkt war Sofie Menter bereits eine ausgebildete Künstlerin", erklärt Stephanie Hodde-

Fröhlich, die mit ihren beiden Schwestern im „Trio Sorellina" selbst auf der Bühne steht.

Während ihrer vielen Auftritte lernt Sofie den Cellisten David Popper kennen, mit dem sie von 1872 bis 1886 verheiratet ist. Mit der Heirat beginnt jedoch ein – dunkel anklingendes – Kapitel in ihrer Geschichte: Sofie Menter soll ein Kind gehabt haben, das sie zu einer Salinenarbeiterin in Hallein in fremde Obhut gegeben hatte. „Sofie hat regelrecht versucht, dieses Kapitel zu ‚vertuschen'. Sie hat es geschafft, dieses Thema aus ihrer Biografie rauszuhalten. Erst viele Jahre, nachdem ich angefangen hatte, Quellen über sie zu suchen, bin ich anhand eines Zufallsfundes darauf gestoßen. Entweder hat sie selbst einige Belege vernichtet oder so passend gesteuert, dass sie nicht mehr auffindbar waren." Scheinbar, so deuten es die von der Wissenschaftlerin gefundenen Hinweise an, hat Sofie Menter auch später nicht versucht, Kontakt zu ihrer Tochter aufzunehmen. Dies ist für Stephanie Hodde-Fröhlich als zweifache Mutter nur schwer vorstellbar. Die Musikwissenschaftlerin merkt allerdings an, dass es für die Pianistin vielleicht nur so möglich gewesen war, diesen Erfolg zu verzeichnen – und aufrechtzuhalten.

„Sofie hat regelrecht versucht, dieses Kapitel zu ‚vertuschen'. Sie hat es geschafft, dieses Thema aus ihrer Biografie rauszuhalten."

Überall in Europa wollen die Menschen am Talent der großen Sofie Menter teilhaben. Ihre Konzerte führen sie von Madrid bis Moskau – allerdings nicht mit dem heutigen Komfort der Weltstars, sondern mit der Kutsche oder – mit viel Glück – mit der Bahn. Neben dem Klavier begleitet sie auf ihren Reisen auch ihr Kater „Klex", der für 20 Jahre ein treuer Gefährte an ihrer Seite ist. Doch die vielen Auftritte haben auch ihren Preis. „Ich denke, die Öffentlichkeit wurde ihr zu viel, sie suchte nach einem Ort, an den sie sich zurückziehen konnte. In den späteren Jahren kaufte Sofie das Schloss Itter in Tirol, das zu ihrem Rückzugsort wurde. Nichtsdestotrotz war es ein Ort, an dem sie Menschen wie Franz Liszt getroffen hat. In ihrem Schloss kam die ‚Crème de la Crème' zusammen, um zu fachsimpeln." Denn Sofie Menter war nicht nur eine bedeutende Pianistin, sondern hatte auch während der späten 1880er-Jahre eine Professur in Sankt Petersburg inne und unterrichtete als Pädagogin namhafte Schüler.

Ihre letzten Jahre verbringt Sofie Menter hingegen wieder in der Nähe der Isarstadt. „München war der künstlerische Rahmen ihres Lebens", merkt die Musikwissenschaftlerin an. „Sie ist dort nicht nur geboren und hat ihre erfolgreiche Laufbahn begonnen, sondern sie 1912 vermutlich auch ebenda beendet." Viele Details aus ihrem Leben blieben allerdings offen, merkt sie an und fährt fort: „Sofie Menters Nachlass ist weltweit verstreut. Ihre Arbeit war ein extrem großes Puzzle, von dem noch immer viele Teile fehlen." Doch – wie bereits angedeutet – bekannt ist, dass die Pianistin am Ende ihres Lebens in der Katzenvilla in Stockdorf lebt, nur wenige Kilometer von München entfernt. Worüber Sofie Menter in ihren letzten Tagen wohl nachgedacht haben mag?

Annika Stahl

Erinnerungsort:

Eine Zeit lang lebte Sofie Menter in der Tizianstraße 22, ihre letzten Tage verbrachte sie in ihrer Villa in Stockdorf.

Quellen, Literatur, Bildnachweis

Balk, Claudia: Theatergöttinnen. Inszenierte Weiblichkeit. Schriften der Gesellschaft für Theatergeschichte e.V. Band 72. Berlin 1994, S. 14f., 26, 36, 42-47, 49, 189f.

Bußmann, Hadumod, „Ich habe mich vor nichts im Leben gefürchtet" – Die ungewöhnliche Geschichte der Therese Prinzessin von Bayern. München 2013.

Decker, Kerstin: Franziska zu Reventlow. München 2018, S. 10, 12f., 36f., 56-59, 63-67, 72-74, 82-85, 88f., 93, 96, 102f., 110, 126, 307, 334f.

Danner-Stiftung: „Die Historische Sammlung". https://www.danner-stiftung.de/sammlung-hist.php. Abgerufen am 31.01.2023.

Feldmann, Achim: „Die ‚Benno und Therese Danner`sche Kunstgewerbestiftung'". URL: https://web.archive.org/web/20140514184308/http://www.muenzgalerie.de/fileadmin/dateien/pdf/schmuck/mgm_schmuck_artikel_2006.pdf. Abgerufen am 31.01.2023.

Gottschalk, Maren: Wie schwer ein Menschenleben wiegt – Sophie Scholl – Eine Biographie, München 2021.

Günther, Bonifatius: Maria Anna Josefa Lindmayr: Prophetin Gottes, Helferin der Armen Seelen. Jestetten 1976, S. 9f., 12f., 26f., 131-142.

Haberland, Marta: Thereses Töchter. Die Augustinerbräu-Gründerdynastie Wagner. München 2022, S. 27, 42, 44, 48f., 50-52, 56, 65, 69f., 104f., 108-112, 115-118, 121f., 126f.,132f.

Hamann, Brigitte, Elisabeth, Kaiserin wider Willen, München 2019, S. 15-23, 45ff.

Hertel, Christina: „Münchens bekannteste Betrügerin: Adele Spitzeder, die Geldvermehrerin", Münchner Abendzeitung vom 20. April 2022. URL: https://www.abendzeitung-muenchen.de/muenchen/muenchens-bekannteste-betruegerin-adele-spitzeder-die-geldvermehrerin-art-808482. Abgerufen am 07.03.2023.

Hodde-Fröhlich, Stephanie: Beruf: Pianistin. Facetten kulturellen Handelns bei Marie Wieck (1832-1916) und Sofie Menter (1846-1918). Hannover 2018, S. 38-41, 55-64, 119-127, 275, 299-305.

Huber, Alfons: Agnes Bernauer. Ein Quellen- und Lesebuch. Straubing 1999, S. 55.

Krauss, Marita: Hope – Dr. Hope Bridges Adams Lehmann – Ärztin und Visionärin. München 2017.

Krauss, Marita: „Ich habe dem starken Geschlecht überall den Fehdehandschuh hingeworfen." Das Leben der Lola Montez. München 2020, S. 19-36, 80-83, 89, 102, 149f., 182, 189-199, 226.

Krauss-Meyl, Sylvia: Das „Enfant Terrible" des Königshauses. Regensburg 3. Aufl. 201302, S. 30-32, 73-79, 194f., 243-245, 260-266, 384-387.

Krenn, Dorit-Maria; Schäfer, Werner: Wer war Agnes Bernauer? Straubing 2019, S. 9-18.

Landeszentralbank von Bayern, Vom Herzog-Max-Palais zur Landeszentralbank – Geschichte des Hauses Ludwigstraße 13, München 1990, S. 75ff.

Leonhard, Maria Magdalena: Der Fall Fanny von Ickstatt. Eine Münchner Tragödie im 18. Jahrhundert. München 2013, 37, 40-42, 45, 51, 54f., 59, 61-67, 71f., 76f., 80, 82-88, 91.

Linzel, Claudia: „Challenge accepted: Erika Mann". Podcast der Reihe „Die Leichtigkeit der Kunst". URL: https://dieleichtigkeitderkunst.de/dldk-002/. Abgerufen am 28.02.2023.

Metzdorf, Julie: „Mit Herz, Hand und Hirn. Kunsthandwerk aus Bayern". Radiosendung, erschienen in Bayern 2 am 10.10.2020. URL: https://www.br.de/radio/bayern2/kunsthandwerk-aus-bayern100.html. Abgerufen am

31.01.2023.

Nebel, Julian: Adele Spitzeder. Der größte Bankenbetrug aller Zeiten, München 2018, S. 17f., 20f., 43-45, 55, 58, 89, 152-154.

Panzer, Marita A., Plößl, Elisabeth: Bayerns Töchter. Frauenporträts aus fünf Jahrhunderten. München 2005, S. 20f.

Richardsen, Ingvild: Porträt Eva Gräfin von Baudissin. In: Auf den Spuren der vergessenen Dichterinnen von Frauenchiemsee, München 2017.
Scheffler, Martina: „Gräfin zu Reventlow: Königin der Schwabinger Bohème". Münchner Abendzeitung vom 18. Mai 2021. URL: https://www.abendzeitung-muenchen.de/muenchen/graefin-zu-reventlow-koenigin-der-schwabinger-boheme-art-728530. Abgerufen am 28.02.2023.

Schmidt-Thomé, Adelheid: Ellen Ammann: Frauenbewegte Katholikin (kleine bayerische Biografien), Regensburg 2020.

Schneider-Ferber, Karin: Isabeau de Bavière. Frankreichs Königin aus dem Hause Wittelsbach. Regensburg 2018, S. 14-19, 27, 33-38, 43f., 50-54, 67f., 72-76, 98f., 101-110, 124f., 132-134.

Strobl, Else: „Adelheid (Henriette Maria Adelaide)". In: Neue Deutsche Biographie (NDB). Band 1, Duncker & Humblot, Berlin 1953, S. 58f.

Strohmeyr, Armin: Annette Kolb. Dichterin zwischen den Völkern. München 2017, S. 13, 16, 26f., 39, 42, 62, 100-107, 351-354.

Valentin, Karl: „Valentin und Liesl Karstadt". URL: http://www.karl-valentin.de/leben/karlstadt.htm. Abgerufen am 15. April 2023.

Von der Lühe, Irmela: Erika Mann. Frankfurt 1996, S. 85, 87-89, 129, 172-177.

Weber, Antje: „Lebe wild und gefährlich! Ausstellung in der Monacensia". Süddeutsche Zeitung vom 8. Juli 2022. URL: https://www.sueddeutsche.de/muenchen/muenchen-monacensia-ausstellung-frauen-der-boheme-1.5617498. Abgerufen am 28.02.2023.

Weitlauff, Manfred: „Lindmayr, Maria Anna Josepha". In: Bayerischen Akademie der Wissenschaften (Hrsg.): Neue Deutsche Biographie 14 (1985), S. 607f. (Online-Version). URL: https://www.deutsche-biographie.de/pnd118573233.html#ndbcontent. Abgerufen am 13.05.2023.

Welski, Timm: „Älteste Bestattung Münchens? Urnenfelderzeitliches Grab im Apothekenhof der Residenz aufgefunden". Bayerisches Landesamt für Denkmalpflege, Nr. 159, November 2014, S. 15-17.

Wendt, Gunna: Liesl Karlstadt – Ein biografischer Essay, Wien 2013.
Wolff, Kerstin, Unsere Stimme zählt – Die Geschichte des deutschen Frauenwahlrechts, Überlingen 2018, S. 71-88.

Bildnachweis

Cover:
Vordergrund: Adobe Stock
Hintergrund: Alamy

Clara Ziegler
S. 10 Deutsches Theatermuseum
S. 13 Deutsches Theatermuseum
S. 16 Annika Stahl

Hope Bridges Adams Lehmann
S. 19 Gemeinfrei
S. 22 Gemeinfrei

Erika Mann
S. 28 Gemeinfrei
S. 30 Gemeinfrei
S. 31 (c) Münchner Stadtbibliothek, Eva Jünger

Anita Augspurg
S. 34 Gemeinfrei
S. 38 Gemeinfrei

Maria Leopoldine

S. 40 Gemeinfrei
S. 42 Sylvia Krauss-Meyl

Bally Prell
S. 47 Privat
S. 48 Privat

Therese Wagner
S. 50 Gemeinfrei
S. 53 Edith-Haberland-Wagner-Stiftung
S. 55 Gemeinfrei

Ellen Amann
S. 57 Gemeinfrei
S. 59 Gemeinfrei
S. 60 Annika Stahl

Frau aus Bronzezeit
S. 63 Privat
S. 64 Privat
S. 65 Annika Stahl

Ludovika Wilhelmine von Bayern
S. 67 Gemeinfrei
S. 69 Gemeinfrei
S. 72 Gemeinfrei

Maria Anna Lindmayr
S. 67 Gemeinfrei
S. 77 Annika Stahl

Liesl Karlstadt
S. 80 Staatsarchiv Freiburg
S. 83 Annika Stahl

Isabeau de Bavière
S. 85 Gemeinfrei
S. 88 Privat
S. 92 Annika Stahl

Sophie Scholl
S. 94 Public Domain
S. 96 Annika Stahl

Franziska zu Reventlow
S. 100 Gemeinfrei
S. 102 Privat

Lena Christ
S. 107 Gemeinfrei
S. 109 Gemeinfrei

Adele Spitzeder
S. 112 Gemeinfrei
S. 114 Gemeinfrei

Therese von Wagner
S. 117 Gemeinfrei
S. 121 Gemeinfrei
S. 125 Annika Stahl

Lola Montez
S. 127 Gemeinfrei
S. 130 Gemeinfrei
S. 131 Gemeinfrei

Eva von Baudissin
S. 134 Gemeinfrei

Annette Kolb
S. 138 Gemeinfrei
S. 141 Annika Stahl

Kaiserin Elisabeth von Österreich-Ungarn
S. 144 Gemeinfrei
S. 146 Gemeinfrei

Fanny von Ickstatt
S. 156 Gemeinfrei
S. 158 Annika Stahl
S. 161 Gemeinfrei

Isabella Braun
S. 163 Gemeinfrei
S. 165 Annika Stahl

Agnes Bernauer
S. 167 Gemeinfrei

Henriette Adelheid Maria von Savoyen
S. 171 Gemeinfrei
S. 172 Gemeinfrei
S. 175 Annika Stahl

Sophie Menter
S. 177 Gemeinfrei
S. 178 Gemeinfrei
S. 179 Privat

Haftungsausschluss

Sollte trotz aufwendiger Recherche eine Bildquelle nicht korrekt oder unvollständig angegeben oder ein Rechteinhaber übersehen worden sein, bitten wir die betroffene Institution, sich mit dem Verlag in Verbindung zu setzen.

SIE MÖCHTEN NOCH MEHR ÜBER

Münchner Frauen

WISSEN?

Hier gibt es sachkundige Informationen:

Beratung für Privatarchive
Angebot für: Beratung – Inventarisierung – Digitalisierung von privatem Archivgut.
Dr. Sylvia Krauss-Meyl
Briennerstraße 48, Hofgebäude 3
80333 München
Tel.: 089 / 94468525
Mobil: 0151 / 12460225
E-Mail: info@privatarchive.de
Homepage: www.privatarchive.de

Stadtspürertour
Führung zum Thema „Okkultes Schwabing", die in die Zeit der Bohème und zu Fanny entführt. Die Tour findet am 2. Sonntag des Monats statt und ist buchbar über www.stadtspuerer.de.
Anfragen oder private Buchungen:
Brigitte Raab-Lucke
Tel.: 089 / 27375707
E-Mail: info@stadtspuerer.de

Bier- und Oktoberfestmuseum
Bierhistorie und die Geschichte des Oktoberfestes im ältesten Bürgerhaus Münchens erleben. Führungen und Bierverkostungen mit vorheriger Reservierung.
Sterneckerstraße 2
80331 München
Tel.: 089 / 24231607
E-Mail: info@buom.de
Homepage: www.buom.de
Öffnungszeiten:
Di. bis Sa., jeweils von 11-19 Uhr
Feiertags geschlossen

Deutsches Theatermuseum
Das Deutsche Theatermuseum stellt sich in Sonderausstellungen und mit einer eigenen Sammlung der Aufgabe, das flüchtige theatrale Gedächtnis zu sammeln, zu bewahren und auszustellen und damit Theatergeschichte(n) als Kulturgeschichte(n) sichtbar zu machen und zur Diskussion zu stellen.
Galeriestr. 4a
80539 München
Tel.: 089 / 210691-0 oder
089 / 210691-28
E-Mail:
info@deutschestheatermuseum.de
Homepage: http://www.deutschestheatermuseum.de/p/impressum.html
Öffnungszeiten:
Ausstellungen: Di.-So. 11-17 Uhr
Bibliothek: Di. & Do. 11-17 Uhr
Sichtungstermine nach Vereinbarung

Münchner Schatzsuche
Themenspaziergänge in München, Architektur & Philosophie-Führungen, Exkursionen in die Alpen-, Atem- und Kunststadt Bad Reichenhall mit ihren München-Beziehungen.
Elektrastr. 11
81925 München
Tel.: 0157 / 830 59 154
E-Mail: auf@muenchner-schatzsuche.de
Homepage: www.muenchner-schatzsuche.de
Öffnungszeiten:
Di., 10-12 Uhr und nach Vereinbarung

Publikationen:

Krauss-Meyl, Sylvia: Das „Enfant Terrible des Königshauses. Maria Leopoldine, Bayerns letzte Kurfürstin. Regensburg 2013.

Krauss-Meyl, Sylvia: Die berühmteste Frau zweier Jahrhunderte. Maria Aurora Gräfin von Königsmarck (1662-1728). Regensburg 2012.

Krauss-Meyl, Sylvia: Das Oktoberfest. Zwei Jahrhunderte Spiegel des Zeitgeists. Regensburg 2015.

Schneider-Ferber, Karin: Isabeau de Bavière. Frankreichs Königin aus dem Hause Wittelsbach. Regensburg 2018.

Schneider-Ferber, Karin: Philippine Welser. Die schöne Augsburgerin im Hause Habsburg. Regensburg 2016.

Volk, Peter (Hrsg.): Lieblingstouren der Münchner Stadtführerinnen und Stadtführer. München 2021.

Besuchen Sie uns im Internet: **www.bast-medien.de**

Haftungsausschluss

Trotz intensiven Austauschs mit unseren Gesprächspartnern, gewissenhafter Literaturrecherche und aufmerksamem Korrekturlesen erheben wir weder einen Anspruch auf Vollständigkeit noch auf Fehlerlosigkeit. Wir haben streng darauf geachtet, keine Urheberrechte zu verletzen, unsere Recherchen sind nach bestem Wissen und Gewissen erfolgt. Dennoch übernehmen wir keinerlei Gewähr für die Aktualität, Korrektheit oder Vollständigkeit der bereitgestellten Informationen. Haftungsansprüche gegen uns schließen wir grundsätzlich aus.

Die erste Herz-Jesu-Kirche in München brannte nach einem Bombenangriff 1944 ab.

Herz-Jesu-Kirche

Zerbombt, verbrannt und neu erstanden

Es ist der 26. November 1994, 4 Uhr morgens. Oberbürgermeister Christian Ude schreckt aus dem Schlaf hoch. Das Telefon schrillt durch die nachtstille Wohnung. Ude ist sofort hellwach. Wenn um diese Uhrzeit das Telefon klingelt, dann ist etwas passiert. Er eilt durch den langen Flur und nimmt ab. Am anderen Ende der Leitung meldet sich der Kommandant der Münchner Berufsfeuerwehr: Die Herz-Jesu-Kirche im Stadtteil Neuhausen brennt lichterloh! Minuten später steht ein Einsatzwagen vor Udes Haus in Schwabing. Mit Blaulicht und Martinshorn wird der OB

Der Neubau der Herz-Jesu-Kirche lädt die Besucher mit seinen geöffneten Türen zum Gottesdienst ein.

zur Brandstelle gefahren. Was er sieht, gleicht einem Inferno. „Der Himmel war brandrot und die Hitze enorm", erinnert er sich noch ein Vierteljahrhundert später genau an die Unglücksnacht.

Mit der Drehleiter fährt Ude nach oben, um sich den Brand aus der Vogelperspektive ansehen zu können. „Es war so heiß, dass die Glasfenster schmolzen. Das flüssige Glas tropfte über das Aluminium", berichtet er. Im Internetauftritt der Freiwilligen Feuerwehr München ist über diese Nacht zu lesen: „Der Dachstuhl bricht schlagartig ein. Ein Feuersturm bricht los, mit Wasservorhängen schützt und kühlt die Feuerwehr die Fassaden und Dächer der umliegenden Häuser."
Während der OB hoch oben steht und voller Entsetzen auf das Flammenmeer schaut, wird Ude bewusst, was da eigentlich brennt: eine Kirche. Natürlich. Das vor allem. Aber auch der ehemalige Kinosaal- und Theatersaal des SS-Wachpersonals am Obersalzberg. „Als die Amerikaner einmarschierten, dachten sie sich: Dieses Gebäude ist doch zu schade, um es abzureißen. In München sind so viele Kirchen

abgebrannt und der Bedarf ist riesig", berichtet das einstige Stadtoberhaupt. „Also haben sie den Kino- und Theatersaal abgebaut, nach Neuhausen gebracht und dort wieder aufgebaut." Denn die Gemeinde brauchte dringend ein neues Gotteshaus, war der 1890 geweihte Vorgängerbau doch beim Bombenangriff der Alliierten am 12. Juli 1944 in Schutt und Asche gelegt worden. In der sogenannten „Notkirche", für die die Amerikaner gesorgt hatten und die von Architekt Friedrich Haindl (1910-2002) in den Jahren 1948 bis 1951 zu einem Gotteshaus umgestaltet wurde, entstand in den kommenden 50 Jahren ein lebendiges Gemeindeleben. „Dort war der berühmte Pfarrer Betzwieser tätig, und deshalb wurde die Herz-Jesu-Kirche für den Münchner Katholizismus sehr wichtig und über die Stadtgrenzen hinaus bekannt", erklärt Ude. Immerhin 1.200 Menschen fanden hier Platz – und die lauschten den Predigten ihres begnadeten Pfarrers Fritz Betzwieser (1929-1993) – oder der Musik, denn da die Kirche mit Holz ausgekleidet war und auch über eine hölzerne Decke verfügte, hatte sie eine hervorragende Akustik. Ab 1953 stand hier die zweitgrößte Orgel Münchens. Unter der Leitung von Musikdirektor Josef Schmidhuber (1924-1990) und Professor Karl Maureen bildete sich in der Kirche eine langjährige Kirchenmusiktradition.

Münchens einstiger OB, Christian Ude, erlebte den Brand der zweiten Herz-Jesu-Kirche auf der Drehleiter.

Und genau ein halbes Jahrhundert, nachdem der Vorgängerbau dieser Kirche von den Bombern der Alliierten in Schutt und Asche gelegt worden war, klingelte bei Christian Ude frühmorgens um vier Uhr das Telefon, weil diese einstige Notkirche, in der so viel christliches und kulturelles Leben entstanden war, in Flammen aufging.

Eine Aufnahme der zweiten Herz-Jesu-Kirche aus dem Jahre 1993.

Umso schöner findet Ude, was stattdessen dort während seiner Amtszeit entstand: Nach den Plänen des Architekturbüros Allmann Sattler Wappner wurde eine Kirche gebaut, deren komplette Vorderseite sich vollständig öffnen lässt: Die beiden größten Kirchentore der Welt reichen bis zum Dach. „Wenn man sie öffnet, ist die Kirche ein offenes Gebäude – was für die Offenheit der Gemeinde steht", sagt Ude. Was für ein schöner Kontrapunkt zu der Tatsache, dass der Vorgängerbau ursprünglich den SS-Wachmannschaften gedient hatte! Mit ihrer christlichen und kulturellen Arbeit hatte die Kirchengemeinde dem schon sehr viel entgegengesetzt. Und die neue Herz-Jesu-Kirche, dieses architektonische Wunderwerk, unterstreicht nun: Wir sind offen. Für alle.

Hier stand die Herz-Jesu-Kirche:

Der Vorgängerbau des heutigen Gotteshauses befand sich an der gleichen Stelle wie die heutige Kirche in der Lachnerstraße 8, München-Neuhausen.

Weitere

Historische Lebensbilder **gibt es auch über...**